© Eric Brissaud

Daniel Rondeau, Jahrgang 1945, ist ein bekannter französischer Autor und Journalist. Nach dem Pariser Mai 68 arbeitete er mehrere Jahre in einer Lothringer Fabrik. Seit den späten 1970er-Jahren schreibt für so bekannte Zeitungen wie *Libération, L'Express* und *Le Nouvel Observateur.* Über seine einfühlsamen Städteporträts (Tanger, Alexandria, Istanbul) hinaus hat er mehrere Romane und zahlreiche Bücher zur Kultur und Politik Europas geschrieben, darunter »In Flammen. Ein Leben für die Revolution. Paris, 1968«. Für sein Gesamtwerk hat er den Prix Morand der Académie française erhalten.

www.frederking-thaler.de

Bibliografische Information der Deutschen Nationalbibliothek
Die Deutsche Nationalbibliothek verzeichnet diese Publikation in der Deutschen Nationalbibliografie; detaillierte bibliografische Daten sind im Internet über http://dnb.d-nb.de abrufbar.

NATIONAL GEOGRAPHIC ADVENTURE PRESS
Reisen · Menschen · Abenteuer
Die Taschenbuch-Reihe von
National Geographic und Frederking & Thaler

1. Auflage September 2008

Titel der Originalausgabe: *İstanbul*
erschienen bei NiL édition, Paris

Aus dem Französischen von Elsbeth Ranke
Text: Daniel Rondeau
Fotos: Eric Brissaud
Lektorat: Gudrun Honke, Bochum
Umschlaggestaltung: Dorkenwald Grafik-Design, München
Satz/Layout: Buch-Werkstatt, Bad Aibling
Druck und Bindung: Graspo, CZ
Printed in the Czech Republic
ISBN 978-3-89405-855-5
www.frederking-thaler.de

Das Papier wurde aus chlorfrei gebleichtem Zellstoff hergestellt.

Daniel Rondeau

Istanbul

Eine Entdeckungsreise

Aus dem Französischen
von Elsbeth Ranke

NATIONAL GEOGRAPHIC
FREDERKING & THALER

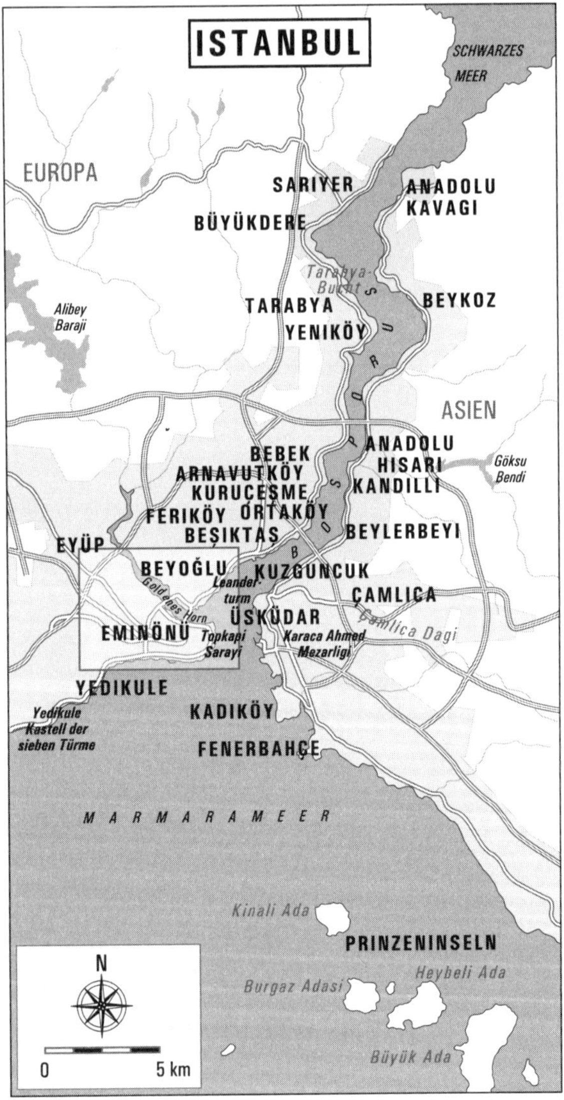
ISTANBUL
SCHWARZES MEER
EUROPA
SARIYER
ANADOLU KAVAGI
BÜYÜKDERE
Tarabya-Bucht
BEYKOZ
Alibey Baraji
TARABYA
YENIKÖY
BOSPORUS
ASIEN
ANADOLU HISARI
Göksu Bendi
BEBEK
ARNAVUTKÖY
KURUÇEŞME
KANDILLI
FERIKÖY
ORTAKÖY
BEŞIKTAŞ
BEYLERBEYI
EYÜP
BEYOĞLU
KUZGUNCUK
Leanderturm
Goldenes Horn
ÇAMLICA
ÜSKÜDAR
Çamlica Dagi
EMINÖNÜ
Topkapi Sarayi
Karaca Ahmed Mezarligi
YEDIKULE
Yedikule Kastell der sieben Türme
KADIKÖY
FENERBAHÇE
MARMARAMEER
Kinali Ada
PRINZENINSELN
N
Heybeli Ada
Burgaz Adasi
Büyük Ada
0
5 km

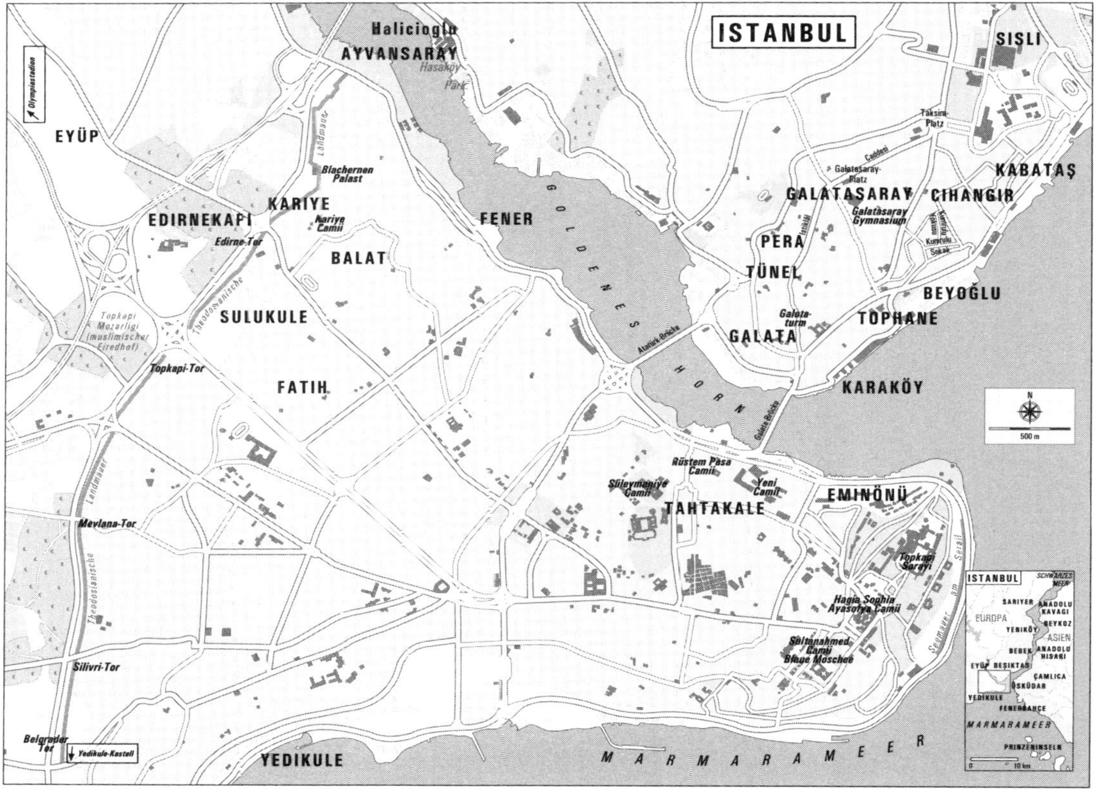
ISTANBUL
Olympiastadion
EYÜP
Halicioglu
AYVANSARAY
Hasaköy Park
Landmauer
Blachernen Palast
KARIYE
Kariye Camii
EDIRNEKAPI
Edirne-Tor
BALAT
FENER
GOLDENES HORN
Theodosianische
Topkapi Mezarligi (muslimischer Friedhof)
SULUKULE
Topkapi-Tor
FATIH
Landmauer
Mevlana-Tor
Theodosianische
Silivri-Tor
Belgrader Tor
Yedikule-Kastell
YEDIKULE
MARMARAMEER
Atatürk-Brücke
Galata-Brücke
Rüstem Pasa Camii
Süleymaniye Camii
Yeni Camii
TAHTAKALE
EMINÖNÜ
Topkapi Sarayi
Hagia Sophia Ayasofya Camii
Sultanahmed Camii Blaue Moschee
Seemauer am Serail
GALATA
Galataturm
TÜNEL
PERA
Istiklal
GALATASARAY
Galatasaray-Platz
Galatasaray Gymnasium
Caddesi
Taksim-Platz
SISLI
KABATAŞ
CIHANGIR
Kumrulu Yokusu
Kumrulu Sokak
BEYOĞLU
TOPHANE
KARAKÖY
N
500 m
ISTANBUL
SCHWARZES MEER
SARIYER
ANADOLU KAVAGI
EUROPA
YENIKÖY
BEYKOZ
ASIEN
BEBEK
ANADOLU HISARI
EYÜP
BEŞIKTAŞ
ÇAMLICA
ÜSKÜDAR
YEDIKULE
FENERBAHÇE
MARMARAMEER
PRINZENINSELN
0
10 km

Für Noëlle

Inhalt

Mit diesem *Istanbul* bin ich am Ziel einer Reise, die vor über 15 Jahren begonnen hat. *Istanbul* also, nach *Tanger* und *Alexandria.* Drei Städte, drei Angelpunkte auf der Erdrinde, die drei Tore zum Meer, auf dem Odysseus fuhr, jener große »Wegbereiter«, drei Städte, durch die ich gezogen bin wie Pausanias, der Geograf des 2. Jahrhunderts, der die Städte Griechenlands durchwanderte, um seine *Beschreibung* zu verfassen, schnörkellos und unprätentiös.

I

Der Bosporus, von einem Ufer zum anderen

Ich frage den Maler Komet, ob ihm Istanbul gefehlt hat, als er 1971 mit einem Stipendium für die Kunsthochschule nach Paris kam. »Der Bosporus hat mir gefehlt«, gibt er zurück, »am Anfang vor allem. Morgens sprang ich immer aufs Fahrrad und fuhr zur Seine, um zuzusehen, wie sie fließt.«

Dieses Meer, das mitten durch das pulsierende Leben der Altstadt strömt, ist wie ein Magnet für Stimmungen und Träume. Der Bosporus hat seine Beschauer, die, auf den Steinen am Ufer sitzend oder auf den Caféterrassen, sich berauschen am Sonnenschein auf dem Wasser; seine Spaziergänger hat er, die am Ufer wandeln und ihre Schritte seinem Wirbeln anpassen. Andere betrachten ihn von Weitem, die Glücklichen, nachts, und am Tage füllt er die Breitwand ihrer Fenster, ihrer Terrassen in den hoch gelegenen Wohnungen in Cihangir oder Ortaköy. Manche planen wohlüberlegte Wege durch die Straßen Istanbuls, damit die nackte Flut ihnen plötzlich ins Gesicht springt, umrahmt von einer der steil abfallenden Gassen, die aus den senkrechten Linien der Wohnblöcke Rechtecke blau leuchtender Gelatine schneiden.

Die Anziehungskraft des Bosporus kann einen hindern, anderswo hinzusehen. Man lässt von der Stadtmauer ab, stürzt sich auf den Bosporus. Die Mauer ist die Zeit, das Reglose, Graue, Verschlossene. Der Bosporus ist der Raum, das Fließende, Blaue, Offene.

Er hält mich sehr in Beschlag bei meinen ersten Aufenthalten in Istanbul. Zu sehr vielleicht. Erst jetzt merke ich das, als ich meine Notizbücher hervorhole. Zwei Jahre lang logiere ich in einem Hotel kurz hinter Beşiktaş (später wohne ich in Beyoğlu, in der Nähe des Galatasaray-Gymnasiums). Der Balkon vor meinem Zimmer geht auf die Meerenge hinaus. Morgens ziehe ich die Vorhänge auf, und ich schaue. Das Wasser, die Schiffe, die Luft, das Licht, alles regt sich, und alles verändert sich in jedem Augenblick. Das flüssige Pflaster der Meerenge lässt lange Schleppen hypnotischer Windungen über sich hinweggleiten. Meere und Kontinente treffen hier aufeinander, verbunden durch den Strom, der sich an seinen beiden Mündungen auf die Endlosigkeit der Welt zu öffnen scheint. Reglos bleibe ich auf meinem Balkon. Eines Tages ziehe ich in ein anderes Hotel, fliehe zur Hagia Sophia. Kaum habe ich pflichtbewusst die Gegend besichtigt, stolpere ich hinab zum Marmarameer, und wieder stehe ich am Bosporus. Von der Serailspitze ist die Aussicht gut, geradewegs die Straße hinauf.

Der Bosporus, ein Mund: eine Lippe an Asien und eine an Europa.

*

Der Bosporus, die Ochsenfurt, ist eine gewundene Meerenge, die Europa von Asien trennt. Der Name Ochsenfurt geht auf die Göttin Io zurück, die, in eine Kuh verwandelt, durch die Meerenge geschwommen war. Die Byzantiner und die Türken nannten ihn Engpass (*stenon* und *boğaziçi*). Seine Länge beträgt im Vogelflug (Schwärme kleiner schwarzer Vögel überfliegen ihn pausenlos dicht über den Wellen in beiden Richtungen) 29 Kilometer. Die Breite ist uneinheitlich: etwas unter drei Kilometer am Eingang am Marmarameer, fünf Kilometer da, wo sein Wasser sich mit dem des Schwarzen Meeres vermischt. Sein Bett fällt zum Schwarzen Meer hin ab, die mittlere Tiefe beträgt 60 Meter (mit ein paar 120 Meter tiefen Gräben, insbesondere zwischen Kandilli und Bebek, wo er am engsten ist, gerade einmal 600 Meter). Die Strömung, die mit den Tageszeiten wechselt, schöpft ihre Macht aus den gegenläufigen Kräften, die ihn durchlaufen. Eine gewaltige Tiefenströmung verdrängt bei ihrer Ankunft im Marmarameer das Oberwasser nach Norden. Die stetige Bewegung des Bosporus, der ganz Zögern ist, ganz Bruch und Reue, treibt ihn in acht verschiedene Richtungen, und seine Silhouette ist dadurch immer gezackt, mit Landzungen, Buchten, Kerben, Wölbungen und Biegungen, in denen sich die Wirbel brechen.

*

Vom Topkapı Sarayı bis an die Serailspitze liegen Hunderte Türken in der Sonne oder baden unten an der Felsböschung. Es ist das Männerbad, sie sitzen auf mit grünen Algen bewachsenen Steinen oder liegen auf dem Gehsteig auf ihren Handtüchern, manchmal auch auf kleinen Gebetsteppichen, ihre Kleider neben sich zusammengerollt, die ganze Straße entlang. Nicht eine Frau (doch, ein paar, aber sie sitzen mit Kindern auf der anderen Straßenseite im Schatten der Seemauern auf Teppichen). Die Geschickteren haben sich aus Karton einen Windschutz gebastelt. Die meisten tragen schwarze Nylon-Badehosen, ein paar auch Baumwollslips. Alle rauchen und unterhalten sich angeregt; einige angeln. Viel weiße Haut, und wenige, die von der Sonne gebräunt sind, beinahe kohlrabenschwarz.

(Dieselbe Stelle im Winter: die Felsböschung menschenleer, ein schneidend kalter Wind, der in Böen über den Bosporus hereinweht, nur ein paar Grüppchen Angler in dicken Anoraks. Und im Wasser, ohne Anzug, ein unerschrockener Mittvierziger mit Taucherbrille, Schnorchel und Harpune, der zwischen den Felsen auf Beutezug ist. Ich sehe ihn durchs Wasser gleiten und gehe, als mir zu kalt wird.)

Zwei junge Männer in Badehose ziehen eine alte Schindmähre aufs Meer zu. Die Leute bleiben stehen. Die fuchsrote Stute, furchtbar abgemagert, muss einen Damm aus dicken Steinen hinunter, sie zögert, strebt rückwärts, sträubt sich, ein Schlag mit dem Riemen lässt sie einen Huf ins Wasser setzen, ein Stock treibt sie weiter, sie rutscht auf einem Felsen aus, bäumt sich auf, bringt ihre vier Beine auf einem flachen Stein zum Stehen und trinkt in gierigen Zügen, den abgemagerten Hals vorgestreckt, wie eine Ziege auf ihrem Fels. Vom Ufer aus begleiten Rufe und Kommentare die Bemühungen der beiden jungen Männer, die es nach mehreren Fehlversuchen schaffen, das Tier bis an die Brust ins Wasser zu treiben. Die Stute tappt vorwärts, jedes Mal gleiten ihre Hufe ab, ihre Vorderfüße stoßen an die Felsspitzen, die dicht den Grund besetzen, ihre Augen blicken starr auf den Bosporus, der sich so weit vor ihr öffnet, und als nur noch Hals und Hinterteil aus dem Wasser ragen, lässt sie sechs Pferdeäpfel fallen. Begeisterung, Lachen und Beifall. Einer der zwei Burschen führt sie am Zügel, zieht sie zurück, sie dreht sich um, stürzt, findet Halt auf den Steinen, richtet sich auf und erhebt sich aus dem Wasser, die Lacher machen schreiend Platz, ihr Besitzer fasst eine Zügellänge nach, peitscht sie mit dem nassen Leder, doppeltes Gelächter, die beiden Jungen springen dem Tier auf den Rücken und traben davon.

Reglos, vom Nebel zerrieben die Umrisse der Schiffe, die warten, bis sie den Bosporus durchfahren dürfen. Vom Marmaraufer aus wirken sie imposant, fabrikgleich. Nur mit dem Fernglas ist zu erkennen, dass manche Schiffe abgetakelt sind. An Bord nicht ein Seemann, nur Hilfsarbeiter mit Gewehren mit Zielfernrohren. Die leeren Rümpfe, vom Rost zerfressen, völlig ausgeweidet, bleiben jahrelang in den internationalen Gewässern vor Anker, bis ein Sturm sie eines Tages davonträgt (bisweilen geben auch ihre Leinen nach, und sie stranden an der Küste). Mafiöse Organisationen nutzen sie als Lager und Umschlagplätze für den Drogenhandel. Einziges Herkunftsland der Drogen ist Afghanistan. Die Chemiker arbeiten in kaukasischen Labors (früher lagen sie am Bosporusufer), und die Lieferungen gehen in alle Welt. Polizisten, darunter acht Amerikaner, beobachten das Kommen und Gehen der Lieferanten und der Kunden.

Ein plötzlicher Wind, mitten am Tag überzieht Dunkelheit die See, Blitze stechen ins Marmarameer, ein Gewitter. Die Badenden springen über das Geländer, rennen über die Straße und stellen sich unter dem Dach der Bäume unter, noch immer im Slip, ihre Kleider unter dem Arm; der Regen klatscht auf die Wellen, die Stadt und die Mündung des Bosporus verschwinden hinter den grauen Sturzbächen.

Erstes Bosporuswasser an den Landungsbrücken von Eminönü. Gerüche: Kebab, Meer, Erdöl, Kohle, Fisch. Bewegungen: die Fähren, Ankunft, Abfahrt, Hornsignale, Qualm, gurgelnde Wasserwirbel. Und die von den Menschen, Gewimmel, Geschubse, kreuz und quer. Die Passagiere, die in einem friedlichen Strom herausquellen, die, die nicht warten, bis der Laufsteg ausgelegt ist, von Bord springen und wie verrückt losrennen. Weniger Hast bei den Abreisenden, bis auf ein paar Pendler, die ganz sicher ihren Stammplatz auf Deck ergattern wollen. Einzige Fixpunkte in diesem Getümmel sind der Schuhputzer, die Marktleute (vier Waren auf ihren Auslagen: Batterien, Socken, Kassetten und Hüpfkängurus). Und drei Musiker auf Klappstühlen, die mitten in der Menge an einem alten weißen Fiat lehnen: einer mit Vollbart in Lederjacke, sein Gesicht von der Farbe alten Elfenbeins, an der Elektroorgel; ein blinder Geiger, fest verschlossene Lider, Baskenmütze à la Che, sein Mund wie der eines alten Babys, das die Brust sucht. Und eine Sängerin, deren Blicke allein dem blinden Geiger gelten. Er lächelt in seinem Dunkel. Sollte ich eine Hymne für Istanbul bestimmen, ich würde eines ihrer Lieder wählen.

Die Sonne verschwindet hinter dem Qualm der Schiffe.

Eine Küche mitten im Wind, auf Booten, die an den Kais vor Leine liegen. Auf Holzkohle grillen die Köche Fische, die Nase in Rauch und Glut, die Füße fest auf dem Boden, denn die Schrauben der Fähren mischen das Wasser auf und lassen die Kähne tanzen. Die Kunden schreien vom Kai herunter, was sie wollen, und bekommen ihr Makrelenbrötchen in Zeitungspapier gewickelt. Reisende auf ihren Koffern, den Kopf in die Hände gestützt. Andere hocken auf dem Geländer über den Fluten und schauen.

*

Eminönü: Wenn es einen Ort gibt, an dem sich der verborgene Roman der Stadt entziffern lässt, die Vielfalt ihrer Melodien, ihre kosmische Poesie, ihr Karneval der Leidenschaften und Abenteuer, dann hier, auf den Kais dieses Fährhafens. Hinter uns liegen der Ägyptische Basar und der Sultanspalast, die gerippten Kuppeln der Yeni Camii, der Neuen Moschee, und der Bahnhof Sirkeci; über unseren Köpfen ein weiter Himmel, über den Wolken ziehen, Sterne, Mond, Vögel, Flugzeuge und Rauchschwaden. Vor unseren Augen die drei aufeinandertreffenden Gewässer (das Goldene Horn, das Marmarameer, und der blaue Strom des Bosporus, der die beiden anderen anzusaugen scheint), und im Hintergrund die beiden Ufer, die Hügel von Galata, die letzten Gestade Europas, und die Minarette von Üsküdar, die ersten Gestade Asiens. Dazwischen die Silhouetten dicker Öltanker und der Leanderturm. All diese Leute, die zweimal am Tag von einem Kontinent zum anderen übersetzen, überlaufen, herüberhüpfen. Ich betrachte ihre Gesichter, suche in den Zügen nach ihrem Leben. Auf einer zerfurchten Stirn lese ich die drängenden Sorgen (wir befinden uns in einer Währungskrise, täglich verliert das Geld an Wert), in einem Schritt erkenne ich absolute Freiheit, in einem Blick ahne ich die Flamme einer Hoffnung, den Schleier einer Trauer. Wie oft hatte ich nicht Lust, einen dieser Männer am Ärmel zu zupfen, wenn er gerade auf die Fähre sprang, ganz zufällig, he du! Wer bist du? Erzähl, und deine Familie, woher stammt sie? Aus Turkmenistan? Der Mongolei? Italien? Kurdistan? Griechenland? Bosnien? (Viele Bosnier haben während des Bosnienkrieges in Istanbul Zuflucht gefunden.) Dasselbe gilt für den blinden Geiger oder den Jungen, der auf seinem Koffer hockt.

Natürlich frage ich niemanden aus (obwohl ...), aber ich treffe jemanden, der schon länger als ich, schon seit über einem halben Jahrhundert, über die Kais wandert: den Fotografen Ara Güler; und mit ihm rede ich. Er erklärt: »Ich bin echt Istanbuler Urgestein.« In den 1950er-Jahren war Güler Fotoreporter für die türkische Tageszeitung *Yeni İstanbul*. Später rissen sich *Time-Life*, *Paris Match* oder *Der Stern* um seine Bilder. In seiner Wohnung in der Pariser Rue de Varennes Nummer 56 hat er Picasso, Salvador Dalí, Aragon fotografiert. Auf den 35-mm-Schwarz-Weiß-Bildern dieses Königs der Leica[1] treffe ich wieder auf die Männer und die Boote vom Bosporus. Fischer aus Kumkapı bei der Rückkehr in den Hafen im frühen Morgenlicht, Arbeiter beim Ausbessern eines alten Schiffsrumpfs, ein Matrose im Sprung von einem Frachter, die Menschenmenge auf der Galatabrücke und so weiter, alle sind sie tief versunken in ihrer Geschichte, ihrer persönlichen oder der kollektiven, und in der Poesie der Stadt. Gegenlicht des Sonnenuntergangs, die zarten Finger der Morgenröte, langgezogene Schatten, der Bosporus wie eine glitzernde Schleppe unter der Prozession der Kuppeln und Minarette, sich drängelnde Boote, entkoppelte Züge von Schleppern und Fähren. Der Fischer, der sein Netz auswirft, ist seit dem ersten Byzanz gleich geblieben. Seine antike Gestalt steht an allen Ufern des Mittelmeers. Die Andeutung dieser Geste verewigt eine Würde, Arbeit, Armut, Einvernehmen mit der Welt. Nur Istanbul aber hat diese Kulisse. Der Fischer ist allein wie anderswo auch, aber um ihn herum sind da Fluchtlinien, Bögen, Perspektiven – Spitzen, Zwiebeln, Türme, Mauern, Wohnblöcke, Holzhäuser –, die die Fülle der Träume bezeugen und wie sie ihre Hand auf die Wirklichkeit halten. Und da sind auch die Wogen, die seinen Kahn zum Schaukeln bringen: die Strudel der Fähren, wenn sie sich vom Kai losreißen, und die hohen Wellen im Fahrwasser der Öltanker. Nie verlässt der Fischer sein Kindswasser, aber er begegnet denen, die sich zu der großen Rundreise aufgemacht haben; er kann die sehen, die mit winkenden Taschentüchern die Stadt verlassen und um die Welt reisen (oder um einfach nur den Tag in Asien verbringen), und die, die ankommen und ihn mit staunenden Augen betrachten. Ara Gülers Fotografien erzählen ihre Geschichte. Eine Mischung aus Abenteuern, Erinnerungen, Wegen; sie erzählen uns von Istanbuls Schönheit, von der Arbeit der kleinen Leute, von einem Adel der Herzen, von denen, die es mit ihrem Schicksal aufnehmen. Ich bin in seinem hoch gelegenen Büro am Galatasaray-Platz mit ihm verabredet. Ein großer Mann mit Glatze, Vollbart, voller Leben, mit Süleyman-Nase und Marinepulli. Auf seinem Tisch steht ein Foto von ihm, 1962 von Cartier-Bresson aufgenommen und gewidmet: »Meinem Kopiloten vom Goldenen Horn, von Henri dem Scp. Jak.«[2]

*

»Hier sehen Sie das verlorene Istanbul, das wahre Istanbul.« Er deutet auf eine Fotografie an der Wand. »Mein Vater kam mit fünf Jahren hierher, seine Familie stammte aus Anatolien, er wurde Apotheker, es gab eine Güler-Apotheke, und ich bin am Taksim-Platz geboren. Mein Büro ist am Galatasaray, und ich wohne in Gümüşsuyu. Zu meiner Kindheit verbrachten wir jeden Sommer ein paar Monate auf den Prinzeninseln. Die Familie meiner Mutter lebt seit 400 Jahren in Istanbul. Das heißt, dass mein Ururgroßvater Mehmed oder Süleyman guten Tag gesagt hat. Ich bin 1928 geboren, mein Vater hatte einen Fotoapparat. Meine erste eigene Kamera bekam ich 1942, dabei wollte ich damals gar nicht Fotograf werden, sondern Schriftsteller. Ich schrieb ein paar Novellen, dann Kunst- und Theaterkritiken. Ein Freund meines Vaters hatte ein Theater gegründet; anfangs war er nur der Apotheker, der die Grundierung für die Schminke anmischte, dann haben sie sich angefreundet. Jeden Abend nahm mich mein Vater in eine Vorstellung mit. Ich kaufte dann eine 16-mm-Kamera, ich dachte, das Kino würde die Literatur ersetzen, und ich drehte einen Film. Während ich am Schnitt arbeitete, brach ein Feuer aus. Die Filmrollen brannten und zerbarsten wie Bomben. Ich war der Letzte, den die Feuerwehr herausholte. Trotzdem machte ich danach noch einen abstrakten Film. Jean Rouch und Henri Langlois haben mir geholfen. Sie müssen wissen, dass Langlois, der spätere Gründer der *Cinémathèque Française,* aus Izmir stammt. Seine Arbeit bestand darin, Filmkopien einzusammeln, die nach der Vorführung zerstört werden mussten, denn es gab kein Copyright. Man kann sagen, dass Langlois seine Karriere damit begonnen hat, Filme zu zerstören, und sie damit beendet hat, Filme zu konservieren. Mein Film wurde von der Regierung verboten, und ich fing an, als Pressefotograf zu arbeiten. Ich berichtete aus mehreren Kriegen, reiste mehrmals um die Welt, als Reisen noch interessant war, sehr mochte ich Indien, Birma, Indonesien. Alles das hat mich vom Kino weggebracht. Heute frage ich mich, ob die Fotografie eine Kunst ist, denn Kunst ist immer Künstlichkeit, Konstrukt, und eine Fotografie ist immer nur ein Moment Wirklichkeit. Der Fotograf ist der Sklave der wirklichen Welt, und genau deshalb fotografiere ich übrigens Istanbul nicht mehr, weil da jetzt bloß noch Scheiße ist (nur noch manchmal für einen Auftrag, zum Geldverdienen). Ich habe die Zerstörung der Stadt miterlebt, ich habe gesehen, wie der alte armenische Friedhof nahe der Kirche Notre-Dame-de-Sion mit Bulldozern umgepflügt wurde und wie an der Stelle die Fundamente für zwei Hotels errichtet wurden, das Divan und das Hilton. Ich habe die Bauarbeiten mitverfolgt, bei denen die Stadt ausgeweidet wurde, um eine Trasse zum Flughafen zu schlagen; während der zweiten Zerstörungswelle von 1958 habe ich gesehen, wie riesige Maschinen, motorisierte Dinosaurier, ein Haus nach dem anderen niederwalzten. Damals fotografierte ich Tag und Nacht, was da gerade zerstört wurde. Mit den Häusern wurde eine ganze Lebensweise weggefegt. Als ich klein war, konnten die Leute arm oder reich sein, aber sie waren elegant, sympathisch, man lüftete zum Gruß den Hut, jetzt sind es bloß noch Bauern, Istanbul wurde ein zweites Mal erobert, wir leben unter der Besatzung von 14 Millionen Anatoliern. Natürlich sagt man mir, auch die Osmanen ließen schon solche Bauern kommen, aber sie setzten sie nur als Waffenträger ein, die Istanbuler selbst zogen nie in den Krieg, weise begnügten sie sich damit, der Armee beim Abmarsch und bei der Heimkehr zu applaudieren. Es kam, was kommen musste: die Revanche der Anatolier. Heute gibt es nicht mehr einen einzigen türkischen Milliardär, der nicht in Anatolien geboren wäre. Aus all diesen Gründen gehe ich heute ohne meine Leica auf die Straße. Übrigens betrifft das nicht nur Istanbul, die ganze Welt wird immer hässlicher. Der Beton nimmt überhand. Natürlich liebe ich den Bosporus und den Qualm der Schiffe. Dieser Qualm, das ist das Leben – und der Krieg –, ja, Krieg und Leben, und diese Kais sind das Tor zu einer anderen Welt, nirgends sonst auf der Welt werden Sie eine Stadt finden, in der man in fünf Minuten auf einem anderen Kontinent ist.«

*

Der Einwohner von Eminönü, der nach Üsküdar übersetzt: »Ich fahre nach Asien«; auf dem Rückweg: »Jetzt geht's zurück nach Europa.« Solche Sätze wiederholen sich bisweilen zweimal täglich.

*

Auf der Galatabrücke die Angler, Ellbogen an Ellbogen auf dem eisernen Geländer, die Plätze sind rar, am besten kommt man beizeiten. Links, eingezwängt zwischen einer Hauptstraße und dem Ufer, die Überreste des alten Viertels Karaköy. Dort findet man alles für Meer und Boot, jeder Laden ein Fachhändler. Seil und Zwirn, Lack, Stiefel, Bojen, Ketten, Winden, Motoren. Es gibt sogar einen Spezialisten für Kettenschäkel, der vor seiner Tür zwei riesige stählerne

Exemplare aufgestellt hat. In einer besonnten Gasse neben den Ruinen verlassener Häuser überholen Fischer im Dock ein Boot. Neben ihnen, mitten in der Sonne, eine große Tischrunde Arbeiter; es gibt Fischspieße, türkisches Bier und viel gute Laune.

Darauf gebracht hatte mich Jean-François Deniau: »Waren Sie im Bordell? Gleich bei den Kais von Galata, es gehörte früher zu den berühmtesten im Mittelmeerraum. Hatte bei den Seeleuten einen großartigen Ruf. Ich war in den 50er-Jahren einmal nachts dort. Etwas Unglaubliches, ein ganzes Viertel nur für die Frauen. Am Eingang standen große Kisten. Da mussten die Kerle ihre Waffen lassen, Pistolen, Dolche, Krummschwerter, Schlagringe, sogar Gewehre waren dabei …« Das sogenannte städtische Bordell befindet sich immer noch an derselben Stelle. Man braucht nur unterhalb der Tünel die Giraffenstraße (Zürafa Sokak) hinunterzugehen und links in eine abschüssige gepflasterte Straße einzubiegen. Hinter einem Geschäft für Satellitenschüsseln der Eingang zum Bordell, der einzige Zugang zu diesem Viertel, dessen Straßen alle mit Betonformstein zugemauert sind. Keine Kisten mehr, in denen man sein persönliches Waffenarsenal ablegen kann, aber immerhin zwei Sicherheitsportale (Modell Flughafen) und ein Polizist auf einem hohen Hocker, der die (obligatorischen) Ausweise kontrolliert, Ausländer sind gebeten, draußen zu bleiben, ich muss mich geschickt anstellen. Nach der Kontrolle eine hölzerne Bude, es gibt dort Schokolade, Bierdosen und Kondome zu kaufen. Vor jedem Haus Schlepper, die den Kunden am Ärmel zupfen und die Ware anpreisen. In jedem Erdgeschoss ein Raum, den man durch ein Fenster übersehen kann (wie das Wohnzimmer in einem Musterhaus), beleuchtet von rosa, lila oder bläulichen Neonröhren, darin fünf oder sechs Frauen sowie ein Mann an einem Tisch, mit Handy und einem Glas rotem Tee (im Winter schmaucht ein Holzfeuer im Ofen). Die Mädchen in Badeanzügen aus den 60ern oder in durchsichtigen Negligés, nur wenige in Strings, wirken beinahe anständig (dabei sehr hässlich) im Vergleich zu unseren Primetime-Mänaden. Kein Vergleich auch mit den geheimnisumwitterten Prachtweibern, die bis in die 60er-Jahre bestimmte auf Unterleib und Mund spezialisierte Gassen in Paris bevölkerten. Eine Einzelgängerin am Ende einer Sackgasse lüftet ihren Pulli und zeigt ihre Brüste, es ist ihre Art der Begrüßung. Wer sich nichts leisten kann, masturbiert auf dem Heimweg in den umliegenden Straßen.

Galata wurde oft ein schlechter Ruf bescheinigt, »ein Abbild von Zügellosigkeit und Ausschweifung ohnegleichen in irgendeiner Stadt der Welt«. In Pera (heute Beyoğlu) treffen sich die Damen aus der gehobenen muslimischen Gesellschaft des 18. Jahrhunderts mit jungen Männern, die sie für ihre Dienste bezahlen, während christliche Frauen sich in den verschiedensten Formen prostituieren. Ihre Männer können sich für einen Monat Griechinnen mieten und eine *mariage à la cabine*[3] eingehen. Die Diplomaten lassen die Vorteile ihres Einsatzortes nicht ungenutzt. Von einem britischen Botschafter heißt es, er habe zwölf Jahre auf dem Diwan verbracht. In der Mitte des folgenden Jahrhunderts verdrängen umfangreiche Straßenarbeiten und diverse Sicherheitsmaßnahmen die Prostituierten auf die Hügelkuppe oder sperren sie in die städtischen Bordelle, die denen in Paris gleichen, »Marmortreppen, gepuderte Lakaien, rosa Satinsofas«[4].

Als ich das Tor wieder hinter mir habe, heftet sich ein Schlepper in schwarzem Hemd an meine Fersen. Er hat ein Projekt für mich, großartig, sofort umsetzbar, am Taksim, in einem Haus, wo die Mädchen schön sind. Ich lehne ab. Während wir an der Mauer einer katholischen Schule entlanggehen, erklärt mir Baris, das Viertel habe einer Frau gehört, Madame Mathilde, die kürzlich verstorben sei. »Die Istanbuler haben um sie geweint. Sie betrachteten sie als die Mutter des Bordells«, fährt Baris fort. »Sie war Christin, eine sehr arme Armenierin, die einst bei reichen Leuten als Näherin begonnen hatte. Eines Tages erhielt sie als Begleichung einer Schuld einen Anteilschein an diesem besonderen Geschäft, lang ist das her, sie muss 30 Jahre alt gewesen sein. Damals herrschte in der Verwaltung heillose Anarchie. Viele bedienten sich, man wusste nicht immer genau, wie viele Mädchen arbeiteten oder wie viel das Etablissement ausgab. Sie brachte die Bücher in Ordnung, wurde Hauptanteilsbesitzerin und begann viel Geld zu verdienen, das sie in Immobilien anlegen ließ. Ihr Vermögen hatte solche Ausmaße, dass sie sich rühmte, sie sei *Steuermeisterin,* eine, die in der Türkei mit die meisten Steuern zahle. Ein paar Wochen vor ihrem Tod trat sie in einer Fernsehsendung auf. ›Ich kann nicht mehr ins Bordell und mich um meine Geschäfte kümmern‹, klagte sie. ›Und mein Sohn, dieser Nichtsnutz, tut gar nichts. Viele Leute nutzen mich aus, was für eine Schande …‹«

Die Straße führt zu den Kais hinunter, die sich zum Eingang des Bosporus hin öffnen; er ist hier tief genug, dass riesige Kreuzfahrtschiffe, hoch wie zehnstöckige Hochhäuser, hier vor Anker gehen können. Als Karaköy noch Galata hieß, verfrachteten die byzantinischen Kaiser und die osmanischen Sultane die europäischen Kaufleute auf diesen Hügel und behielten einen Kai den russischen Schiffen vor. Das wirkt noch heute nach. An diesem Abend hat ein russischer Frachter, *Kanin,* seinen Rumpf vor den Kai gelegt, gleich beim Restaurant Odessa (wo die Kellner Marokkaner sind). Nach 1991 wurde Russland ein bedeutender Partner der Türkei. Doch das gilt nicht nur auf Staatsebene. Russische und rumänische Arbeitslose kamen mit leeren Koffern. Sie kauften Lederjacken, T-Shirts, gefälschte Nikes und fuhren wieder heim, um sie zu verkaufen, mit einem Erfolg, den sie sich selbst kaum erhofft hatten. Dieses »Koffergeschäft« hat seine eigenen Regeln hervorgebracht. Kein Verhandeln und Feilschen mehr bei einem Glas Tee. Einfach ja oder nein. Basarhändler fingen an, Russisch zu lernen, verzichteten auf ihr langwieriges Schachern und bepackten ihre Kühltaschen mit Wodkaflaschen. Dann kamen busweise blonde junge Frauen ohne Rückfahrschein. Ein Wort hatten sie im Sinn, ein einziges: *Money!* Überall helle Haut, helle Haare, porzellanblaue Augen, überall derselbe schlafwandelnde Schritt auf hohen Hacken, eine Art seelenruhiger Wahn im Gesicht, äußerliche Kälte; die Türken erkennen sie von Weitem, stupsen sich mit dem Ellenbogen in die Seite, wenn sie ihnen begegnen: »Schau mal, die Nataschas!«

Bloß nicht das slawische Gepräge vergessen, das die 140 Millionen russischen Flüchtlinge der Stadt verliehen haben, die nach der Niederlage von Wrangels weißer Armee hierherströmten, als hätte das dritte Rom seinen allerletzten Atemzug in Konstantins alter Hauptstadt ausgehaucht. Die weißen Russen brachten der Stadt viel: ihre Energie, ihren Wahnsinn, ihr Vermögen, wenn sie welches hatten, eine Oper und ein Ballettensemble, die Gewohnheit, im Bosporus zu baden, die ersten Jazzplatten. Und ganz ungewollt auch ein paar bolschewistische Agitatoren von der Krim und aus Anatolien[5].

In der Straße parallel zum Kai befindet sich in dem gelben osmanischen Polizeigebäude noch eine mit einem Gittertor verschlossene Passage, an dem ein vergoldetes Schild mit der Aufschrift *Cité française* prangt, heute ein Einkaufszentrum für Russen, die im Koffergeschäft reüssiert haben. In der Gasse hinter der Passage die Reste eines Feuers, zerborstene Flaschen, Spuren von Erbrochenem. Nachts bewohnen Clochards diese Gassen am Fuß der Mauern einer türkisch-orthodoxen Kirche. Viele russische Kapellen finden sich in dem Viertel, Seeleute und Händler frequentieren sie. Unauffällig liegen sie im obersten Stock der Wohnhäuser auf improvisierten Terrassen, manchmal weist eine vergoldete Turmzwiebel auf ihre Existenz hin. Ich drücke eine Tür auf: türkische Musik in einem Treppenhaus, auf jedem Treppenabsatz Wäscheleinen, Kinder. Im obersten Stock eine Veranda, die blauen Wände einer Kapelle, die Stimme eines Popen, es ist gerade Gottesdienst. Baris wirft einen Blick hinein: »Nur zwei Kunden«, sagt er. Der Bosporus stand lange unter der Schirmherrschaft der orthodoxen Kirche. Jahr für Jahr weihte zu Epiphanias ein Bischof die Wasser der Meerenge, und ein Priester warf ein griechisches Kreuz in den Bosporus. Männer tauchten danach und stritten darum, wer es heraufholen durfte. Der Sieger konnte es ein Jahr lang mit sich herumtragen, und überall wurde er für seine Besuche mit dem Kreuz üppig entlohnt.

Tophane, die Kanonengießerei der osmanischen Artillerie, lange das wichtigste Werkzeug in der Armee des Sultans. Die Osmanen bereichern sie um Beutestücke von den Schlachtfeldern[6], in ganz Europa kaufen sie Kanonen, insbesondere von dem französischen König Franz I. (und die *conversos*[7] steuern spanische Lafetten bei), vor allem aber bringt der Sultan seine Artillerie auf die Höhe der damaligen Technik. Dieser technischen Überlegenheit verdankt er seine Bezwingung der islamischen Welt. Mit Kanonenbeschuss erobert er das persische Täbris sowie Festungen, die Syrien oder Ägypten abriegeln. Mehrere Europäer haben der Hohen Pforte in der Artillerie gedient. Wach ist noch das Gedächtnis an den Grafen von Bonneval, einen Freimaurer, der zunächst für Frankreich und Russland kämpfte, 1729 aber ans Ufer des Bosporus flüchtet, wo er zum Islam übertritt[8]. Unter dem Namen Achmed Pascha lässt er sich in Pera in einem Haus nieder, das bald für den Prunk seines Harems berühmt ist; er reformiert das Bombardier-Corps, das er in die modernsten Formen des Artilleriekrieges einweist. »Europa war ihm zu klein«, sagte der Prinz de Ligne, der ihn mochte; Casanova hatte ihm unter anderem anvertraut, eines »seiner großen Vergnügen, wenn er sicher war, ohne Gesellschaft zu sein«, habe darin bestanden, »sich *à la française* zu kleiden. Er machte sich die Mühe, weiße Schuhe und Strümpfe anzuziehen, was zu seinem rasierten Schädel und seinem so reich behaarten Kinn in eigentümlichem Gegensatz stand. (…) Es wurde bei ihm keinerlei Fleisch serviert, das der Koran verbot; doch wenngleich seine Hausdiener Türken waren, genoss er reichlich Wein und Liköre. (…) In der Öffentlichkeit befolgte er den Ramadan, doch im eigenen Hause hielt er sich mit Biskuits und Likören schadlos, die er in einem Schrank verschlossen hielt.«[9] Heute ist in der Nähe von Tophane alles ruhig, die Parks, die Moschee, und das Schweigen der Pfeifenraucher herrscht in der Allee der Nargileh-Cafés.

Wie sagen die Wörterbücher: *Nargileh,* »Wasserpfeife«, persisch, und *Kaffee,* vom türkischen *khave.* Diese Mischung aus Persischem und Türkischem: Das ist das Osmanische Reich.[10] Von Gérard-Georges Lemaire erfahren wir, dass zwei syrische Kaufleute im Jahr 1555 das erste Kaffeehaus am Bosporusufer eröffneten. »Die Kaffeehäuser wurden zum Ort der Zusammenkunft, wo die Städter stundenlang Dame oder Schach spielten, über Kunst diskutierten, über Wissenschaft oder Literatur. Sie standen nahe dem Ägyptischen Basar im Stadtviertel Tahtakale, und sie waren die Vorfahren all der literarischen Kaffeehäuser, die sich gegen Ende des 17. Jahrhunderts in Frankreich, in Italien und im Rest Europas herausbildeten. Damals nannte man sie die Schulen des Wissens oder Schulen der Gebildeten, und der Kaffee hieß paradoxerweise Milch der Schachspieler und Denker.«[11] Vor Lemaire gab es bereits Antoine Galland[12], Sekretär des Marquis de Nointel, des französischen Botschafters bei der Hohen Pforte, und Übersetzer von *Tausendundeiner Nacht,* Inhaber des Lehrstuhls für Arabisch am Collège Royal. 1694 veröffentlichte er ein arabisches Manuskript mit dem Titel *De l'origine et du progrès du café* (»Vom Ursprung und der Verbreitung des Kaffees«), in dem der Gebrauch des Kaffees im Jemen und seine Verbreitung von Mekka nach Konstantinopel beschrieben wird.

Bemerkung in einem Notizbuch. Kaffee: vom arabischen Wort *qahwa,* erstmals 1714 im Jardin du Roi angepflanzt. Auch die Platanen kommen aus Konstantinopel.

Vom Garten des Dolmabahçe-Palasts (»Palast der aufgeschütteten Gärten«), wo Atatürk am 10. November 1938 um 9.05 Uhr seinen letzten Atemzug tat (alle Uhren im Palast stehen auf seiner Todesstunde; und allmorgendlich wird ein Strauß frischer Blumen auf seinem Bett niedergelegt), höre ich den Atem der Schiffe auf der Epidermis der Meerenge.

*

Ein Taucher in Montur arbeitet unter Wasser an der Kaimauer. Er klaubt die großen Steine auf, die die Strömung und die Schiffsschrauben zum Ufer getrieben haben, wo sie die Fähren beim Anlegen stören. Pausenlos müht er sich ab, unter sichtlicher Anstrengung holt er einen Brocken nach dem anderen heraus, trägt sie vom Ufer weg und wirft sie dann so weit wie möglich hinaus. Wenn die Steine zu schwer sind, stemmt er sie mit einer Brechstange aus dem Schlamm, kommt keuchend wieder über Wasser, lässt sich vom Matrosen einer Fähre, der *Sabri-K,* ein Tau zuwerfen, bindet den Stein mit einem komplizierten Knotengebilde fest, taucht unter, um sich zu vergewissern, dass alles gut hält, kommt mit erhobenem Daumen hoch, die *Sabri-K* fährt in die Mitte der Fahrrinne, ihre Last im Schlepptau. Aber nur jedes dritte Mal klappt es, die anderen Male löst sich der Stein schon nach ein paar Metern und sinkt wieder zu Grunde, das Ganze geht von vorn los. Hinter der gelben Taucherbrille treten die Augen wegen der Ermüdung weit hervor, dazu schwarze Ringe, wie geschminkt. Angler lassen ihre Bambusruten liegen, um bei der Sisyphusarbeit zuzusehen, setzen sich gemütlich neben mich, die Beine baumeln über dem Wasser. Kleine Schuhputzer hocken sich hinter uns auf ihre Kästen. Jedes Mal, wenn sich das Tau löst oder der Stein herausrutscht, setzt die *Sabri-K* ein Stück zurück, der Kapitän fährt die Motoren herunter und manövriert in eine Position, in der der Taucher wieder ins Wasser springen kann, um mit seinem Tau unter dem Steven hindurch im Schatten des Kais zu verschwinden. Nach einer Stunde sind da Angler, Schuhputzer, zahlreich erschienene Passanten, und alle geben ihre Anweisungen für das Manöver ab, und sogar ich muss mich zurückhalten, um nicht mit in das Gebell der Besserwisser einzustimmen.

Ein Mann setzt sich mit seinen zwei Kindern neben mich (ich bin ein paar Dutzend Meter weitergerückt). Der Vater schneidet Brotscheiben ab für ihr Mittagessen und bietet mir eine an. Etwas später hält er mir sein Päckchen Zigaretten hin. Ungefähr eine Stunde bleiben sie da, reden, schauen den Tankern zu. Der Vater blättert die Tageszeitung *Hürriyet* durch und zeigt sie mir, wenn ein Artikel mich seines Erachtens interessieren könnte, etwa eine ganze Seite über den neuen Film von Ridley Scott, *Gladiator*, der diese Woche in Paris angelaufen ist, so der Artikel, und vor einem Monat in Los Angeles.

Ich gehe noch einmal nachsehen, wie es inzwischen um den Taucher und die *Sabri-K* steht. Die Erschöpfung hat die Arbeit verlangsamt, das Schiff dreht weniger emsige Kreise, der Taucher ist wackelig auf den Beinen. Immer noch genauso viele Zuschauer, aber andere Gesichter. An die Stelle derer, die genug von dem Spektakel haben und gehen, treten sofort andere. Die Anfeuerrufe werden bestimmter, Gereiztheit macht sich breit.

»Die sind vollkommen unfähig!«, schimpft ein alter Mann in dunkelrotem Polohemd.

»Vollidioten!«, legt sein Nachbar nach.

Angler, eine ganze Familie. Vater, Mutter, die Tochter von etwa 15 Jahren. Alle tragen amerikanische Schirmmützen und Gummihosen. Jeder seine Angelruten, zwei oder drei pro Person. Eine Tätowierung auf der Schulter des Mädchens, ein Kormoran.

Im Fakirsitz auf trockenem Gras, die Knöchel seiner langen Finger flach auf den Knien, ein alter Clochard. Ein sehr mageres, gegerbtes Gesicht, Haare und Bart wie aus grauem Stroh. Reglos, die Augen auf die Strömung gerichtet.

Ein Becken unterhalb des Wasserspiegels. Ein paar Boote, ein Strandlokal, Teetrinker unter alten Sonnenschirmen mit ausgeblichenen Werbeaufschriften. Ein Stück weiter an einer Mauer aufgereiht Bauarbeiter. Sie schlafen friedlich, den Kopf auf dem gelben Helm, ihre Stiefel stehen neben ihren Füßen. Andere von derselben Baustelle ziehen sich blitzschnell aus, rollen ihre Blaumänner auf und springen vom Kai aus über die Felsen hinweg ins Wasser, mit dem Stolz der Besitzer. Ich beneide sie, da zu sein, wo sie sind, sie ignorieren die Verschmutzung, prusten im Wasser herum. Der Bosporus reicht sie dem Prunk des Sommers dar. Was sagte doch Camus in Tipasa? Tag der Hochzeit mit der Welt.

Zwei kleine Brotverkäufer mit ihren runden Tabletts auf dem Kopf, hinter ihnen das Fuhrwerk des Maisverkäufers. Alle fünf Minuten hebt er den Deckel seines Kessels an, ein Dampfstrahl quillt heraus und vergeht im großen Ganzen. Ein Angler, Lotsenmütze tief in der Stirn, die Augen hinter einer viel zu großen Panoramabrille verborgen, dazu ein alter dunkler Nadelstreifenanzug, lässt an einem Gummiband einen Kranz aus Stacheldraht kreisen und wirft ihn ins Wasser, so weit er kann. Herauf kommen nur Algen.

Noch eine Hochzeit: Schwimmer auf dem Strom in seinem Sonnenharnisch, weitab vom Ufer. Sie tragen Flossen und kommen schnell voran, singen dabei und stoßen Freudengeheul aus.

Matrosen in blauem Anzug mit weißen Mützen und Hemden, in mehreren Reihen spazieren sie mit eingehängten Armen daher. Hintergrundgeräusche: die Kurbeln der Angelruten, der Singsang der Muezzins. Ein Telefon klingelt. Eine junge Frau mit fransigem schwarzem Haar und sehr weißer Haut holt ein Handy aus der Tasche und entfernt sich von ihren Freunden, um dranzugehen. Dazu immer die Bewegungen der Schiffe, glänzend neue Tanker mit silbrigen Spiegelungen, die unentwegt vorüberziehen, einander folgen, sich kreuzen und in rechtem Winkel das Fahrwasser der Fähren durchschneiden, Wasserflöhe neben diesen großen Sauriern.

*

Viertel nach zwölf, Abfahrt einer Fähre, die die Meerenge hinauffährt, ich steige ein. Schifffahrt, die von der Welt entbindet, zwischen zwei Ufern, die mit Palästen und *yalıs* besetzt sind, den herrschaftlichen Villen, die in Holzbauweise am Ufer errichtet wurden, dazu ihr Aufmarsch von Brunnen und Pavillons. *Am Bosporusufer* ist noch immer die beste Adresse in Istanbul. Etliche dieser Leute, Sultane, Wesire, Botschafter und osmanische oder levantinische Großbürger, hatten ihre Badeleiter und ihren Bootsanleger direkt vor der Tür. Links, Richtung Europa, der alte Çırağan, ganz aus weißem Marmor, eine Perle der osmanischen Renaissance, von einem armenischen Architekten erbaut und 1874 fertiggestellt, diente zugleich als Palast und Gefängnis, 1910 völlig niedergebrannt, heute zum Hotel umgebaut. Auf der anderen Seite Beylerbeyi, der Sultanspalast, wo Kaiserin Eugénie logierte, als sie 1869 bei Sultan Abdülaziz zu Gast war; sie kam mit ihrer Yacht, der *Aigle,* nach Istanbul und wurde auf dem kajik des Sultans mit 13 Ruderpaaren zum Anleger von Beylerbeyi gebracht.

Das Schiff fährt zwischen zwei Hügelfronten weiter, die immer grüner werden. Die Minarette der Moscheen zeigen die alten Bosporusdörfer an. Ortaköy und Kuzguncuk liegen kaum hinter uns, als die Bedienungen losbrüllen: »Yooooort! Yoooooort!«

Drei Kellner rennen über Deck und bieten Tee und große Tabletts voller frischem Joghurt an. Kulissenwechsel mit den düsteren Ruinen der Festung Rumeli Hisarı, die Mehmed II. ein Jahr vor der Einnahme Konstantinopels erbauen ließ; er verwendete eine Mischung aus Ziegeln und Steinen, dazu einen soliden Mörtel aus Chorasan. Mehrere Armeen zogen hier vorbei. Darius auf dem Marsch in die Schlacht gegen die Skythen, der erste Kreuzzug, Mehmed im Jahr

1452. Die Luft ist mild, das Schiff brummt durch das verschleierte Licht. Genau gegenüber von Bebek liegt das Ostrorog Yalı als langer rechteckiger Fleck in Dunkelrot direkt über dem Wasser.

Noch mehr Yalıs, Bootsstege auf Pfählen, Anlegepfosten und Bootshäuser unter dem Boden der großen Säle. Der Bosporus ist Istanbuls Canale Grande, und all diese aufgereihten Yalıs dienten dem osmanischen Adel als Register, so wie die Palazzi am Canale Grande dem venezianischen Adel[13]. Ein Steg aus weißem Holz, Kanlıca mit seinen pastellfarbenen Fassaden. Ein Halt am Yeniköy İskelesi, wo drei Patriarchen begraben sind, dann in Büyükdere, ganz hinten in der Tarabya-Bucht.

Apropos Büyükdere. Harold Nicolson, Diplomat, Journalist, Mitglied des britischen Parlaments, Verfasser einer Biografie von Paul Verlaine, von Studien zur Geschichte der Diplomatie und, unter dem Titel *The Last Journey*, einem Essay über das Ende Byrons – außerdem Ehemann von Vita Sackville-West –, hatte vor dem Ersten Weltkrieg auch eine türkische Phase. Damals, 1913, war er Sekretär des Konstantinopler Poloklubs, der eben in Büyükdere seinen Sitz hatte. Auch mit dem Schriftsteller und Widerstandskämpfer Roger Stéphane war er befreundet, als der sich nach der Befreiung Frankreichs in London aufhielt und seinen Platz im Travellers Club hatte, ebenso wie seine mit Monogramm signierte Tabaksdose bei Dunhill und seine Maße im Kundenbuch von Hilditch, dem Hemdenmacher in der Jermyn Street, verzeichnet waren. Mehr als ein Jahrhundert früher, 1802–1806, weilte Joseph von Hammer-Purgstall, der später die Gedichte des Hafis ins Deutsche übersetzte und so Goethe zum West-östlichen Diwan anregte, als Sekretär der österreichischen Gesandtschaft in Konstantinopel, winters in Pera und sommers in Büyükdere. Von dort aus unternahm er »oft Ritte allein bis an das Gestade des Schwarzen Meeres, in dessen Nähe Madame Marini, die Gemahlin des alten neapolitanischen Gesandtschaftssekretärs, eine Meierei besaß. (…) Madame Marini war bei Weitem die geistreichste Frau in Pera, sie war witzig, einfach und natürlich. Manchmal waren ihre Reparties sehr drastisch. (Der preußische Geschäftsträger) Bielefeld und ich machten ihr gemeinsam den Hof, und sie nannte uns *Les adorateurs en commun.* Ich verbrachte viele Abende mit ihr in geistvollen und unterhaltenden Gesprächen und viele Morgen auf Spazierritten nach ihrer Meierei.«[14]

Kriegsschiffe auf der Reede, rot-weiß gestrichene Hochspannungsmasten, wir kommen nach Sarıyer, einer Kleinstadt, von der Sonne gelähmt. Auf einem Platz, der der Herrschaft der Tauben überlassen ist, lassen Greise auf Bänken langsam die Lippen kreisen. Neben ihnen lecken junge Mädchen Pistazieneis. Nach der Biegung von Kalender legt ein frischer Wind vom Schwarzen Meer her kühle Kompressen auf die Sommerresidenzen von Tarabya, wo die Stationsschiffe[15] der Botschaften früher die ganze Saison über vor Anker blieben. Noch eine Biegung, und der Bosporus beginnt sich zu weiten. Eine schlecht befestigte Kaimauer, ein Schlingerkahn, mit einer blauen Plane bespannt, heute ein Restaurant; Kavağı ist der letzte Halt der Fähre, am Fuße einer Genueser Burgruine. Das Schwarze Meer liegt im Dunst. Ein paar Raubvögel kreisen im Aufwind, vielleicht Adler.

Ein Fest in einem kleinen Yalı, unter der weißen Fahne mit den roten Haken von Citroën: Automechaniker, die ein Wochenende in Istanbul gewonnen haben.

Die Fähre wendet, um ans andere Ufer zu gelangen, Anadolu Kavağı (Pappel Kleinasiens), und damit beginnt die Rückfahrt Richtung Istanbul. Junge Mädchen kommen an Bord, blasse Haut, asiatische Züge, kleine geflochtene Zöpfe und große mandelförmige Augen, grün wie Haselnüsse im Frühling. Neben mich aber setzt sich eine dicke Dame. Sie hat lila Fingernägel, lange Wimpern, gelb umrandete Augen, eine lange Nase mit zwei Etagen, blonde Haare, Wangen, die wie aus Gips geformt sind, und ein Doppelkinn. Sie unterhält sich sehr laut mit ihrer Nachbarin, die sich hinter ihren Fächer flüchtet. Im intensiven Geruch nach Diesel und nassen Tauen schlafe ich ein.

Weckzeit in Yeniköy, und wieder die Illusion, ich wäre in Venedig: ein kleiner Palazzo mit Steg, Pfählen und Terrasse. Das Gegenlicht des Sonnenuntergangs verfremdet die Fassade des Çırağan-Palasts. Weiter hinten glitzern Kuppeln und Minarette in einer Wolke aus

Licht. In Asien bringt die letzte Sonne alle Fassaden zum Flammen. Auf der Wasserstraße ist immer mehr Verkehr. Yachten, Ketschen, Jollen, Frachter, Kajiks, Boote mit Außenmotor drängeln sich durch einen goldrosa Dampf. Plötzlich erstarrt der Schein, der von den Prinzeninseln herüberkommt, und geht unter. Schatten verschlingen das Wasser. Die Stadt wird unsichtbar, um im elektrischen Licht neu geboren zu werden. Laternen der Moscheen, die gewundene Kette der Scheinwerfer auf den Brücken, Schiffslämpchen, Neonlichter auf den Kais, Blinken der Reklamen. Ein Scheinwerferstrahl rettet den Leanderturm aus dem Schwarz des Wassers, plötzlich steht er wieder da, ein fernes Stück Elfenbein am Tor zum Bosporus. Die von Lichtern besetzte Nacht schwebt zwischen den Ufern, leicht und blau.

Auf beiden Ufern, wie an jedem Sommerabend, Feste, Cocktails, Diners, Orchester, Feuerwerk. Ein Zweimaster dreht Runden im Wasser. Er ist mit Girlanden behängt, die seine altmodischen Formen nachzeichnen.

Als Wachtposten in diesem *Movida*-Ambiente die Moscheen unter den Pinselstrichen grüner und weißer Scheinwerfer, beinahe im Disco-Look.

*

Vom Ostrorog-Palast[16] muss ich erzählen, über 100 Jahre lang hat er Franzosen beherbergt. Ein Hauptmann der polnischen Kavallerie, ehemaliger Page des Zaren, Graf Stanislas Julien Ostrorog, lässt sich nach dem Krimkrieg am Bosporusufer nieder. Sein Sohn Léon Valérien – in Warschau geboren, eingebürgerter Franzose, Doktor in islamischem Recht, hervorragender Pianist – wird 1881 zum französischen Repräsentanten in der osmanischen Staatsschuldenverwaltung ernannt[17]. Für diese Exilanten ist das der Beginn eines brillanten franko-osmanischen Gesellschaftsritts; die Türen der levantinischen Salons stehen ihnen offen, und das Blut der Ostrorogs mischt sich mit dem der Lorandos, einer venezianischen Familie, deren Handelsschiffe unter der Flagge des Königs von Frankreich in der Ägäis kreuzen und deren *konak*[18] in Pera liegt; später mit dem der Familien Glavany und Crespin. Dieser Name, Glavany … Vielleicht denkt der eine oder andere an den Wahlkampfmanager des Präsidentschaftskandidaten Jospin[19], und das hat seine Berechtigung[20]; andere dürften ein Gemälde von Jean Etienne Liotard vor Augen haben, dem Genfer Maler, der in der Mitte des 18. Jahrhunderts fünf Jahre in Konstantinopel verbrachte[21]. Der Maler lässt einige Engländer posieren, darunter John Montagu, Earl of Sandwich, in türkischem Gewand; den Kaufmann, der ihm seine Aufträge verschafft hat, bezahlt er, indem er ihn porträtiert, und dieses berühmt gewordene Gemälde ist noch heute im Louvre zu besichtigen: *Monsieur Levett und Mademoiselle Glavany im Türkenkostüm.*

Die Ostrorogs wählen Asien als Standort für ihren Palast, der *alla turca* möbliert wird. Sie sind treue Jünger Christi, für die sonntägliche Messe in Bebek setzen sie im Kajik über den Bosporus, doch nach dem Gottesdienst empfangen sie ihre muslimischen Freunde. Ihr Yalı ist ein gehobenes Haus. Es fehlt an nichts; Konversation, Hochkultur der beiden Welten, Champagner und *tschibuk*[22]. Die großen türkischen Familien, die Frankreich aufgeschlossen gegenüberstehen, fühlen sich dort zu Hause. Ihre Boote legen am Kai von Tarabya oder in der Bucht von Beykoz an. An einem Tag das Stationsschiff der französischen Botschaft, am nächsten der *Vautour* mit seinem Kommandanten Julien Viaud, alias Pierre Loti, und der Reigen nimmt kein Ende. Ein Kajik bringt die Gäste zum Anleger der Ostrorogs. Der Schriftsteller Claude Farrère hat sein Zimmer im Yalı, vielleicht sogar etwas mehr. Pierre Loti hat sein Zimmer, seinen Schreibtisch, seine Gewohnheiten. In diesem Palast aus lackiertem Holz wandelt sich sein androgyner Ruhm von der »kleinen, distanzierten Hand«[23] hin zu mehr Lässigkeit, Chic, Freiheit. Das Leben im Yalı ist wie eine Verlängerung seiner Romane, oder umgekehrt. Gräfin Jeanne lädt das Beste ein, das ihr begegnet, Burgfräulein und Dichterinnen, osmanische Prinzen, venezianische Liebhaber, Matrosen mit muskulösen Armen, und alle vereint sie in ihrem Salon, als wären sie lauter Figuren aus seinen Seidenstickereien[24].

Nach dem Ersten Weltkrieg kommt die Stunde eines Monokel tragenden Edelmanns. Jean Ostrorog wird Hausherr. »Jeans blaues

Auge wurde von einem Monokel geweitet«, schreibt der Maler Abidine Dino[25], »sein Blick war häufig nüchtern, Reitjacke, und mit seiner Neigung, ungeduldig von einem Fuß auf den anderen zu treten, glich er Monsieur de Saint-Loup aus Prousts Roman.« Die ganze Welt klopft an seine Tür. 1950 erneut Claude Farrère, an Bord eines Kajiks mit vier Ruderpaaren, auf der Suche nach alten Erinnerungen. Noch immer dieses Wallen von Académie-Mitgliedern und Sultaninnen und sogar ein französischer Staatspräsident: Georges Pompidou, der hoch gebildete Auvergner am asiatischen Bosporus.

Die Ostrorogs: André Malraux zaubert sie aus dem spitzen Hut seiner *Anti-Memoiren.* Nach einem Gespräch mit Nehru »drang durch die offenen Glastüren die Nacht eines schönen Gartens, aus der ein paar dicke Blumen als Flecken hervorschienen. Es war die Nacht der leeren Terrasse, auf der ich die Musik für die nächtlichen Gottheiten gehört hatte – die Nacht der Paläste, des Elends und der Götter.« Er trifft auf den französischen Botschafter in Indien, einen Star der Diplomatenwelt mit Namen Ostrorog; mit ihm unterhält er sich über Erdbeben. »Sie kennen«, sagt Ostrorog, »das Gefühl in jenen japanischen Dörfern, die nach einem Erdbeben wieder aufgebaut wurden und auf das nächste zu warten scheinen.« Der Schriftsteller bringt das Gespräch auf seine Steckenpferde, Ostrorog folgt ihm mühelos. Die Rede kommt auf die Geschichte jener Völker mit zweigeteilter Seele, das so englische Indien, Kleopatra und ihre römischen Geliebten, die Entkolonialisierung, die überall reihenweise frustrierende zweitklassige Verwestlichung hinterlässt, auf den Islam. »Ich erinnerte mich«, schreibt Malraux dann, »dass die Familie Ostrorog einen Palast am Bosporus besaß …« Ganz richtig, einen Palast, am Bosporus. Dieser Ostrorog hier, Stanislas, genannt Stas, wurde 1897 in Konstantinopel geboren. Im Ersten Weltkrieg kämpfte er in der Uniform des ersten polnischen Chevaulegers-Regiments, dann trat er in den diplomatischen Dienst ein. 1940 floh er zu Fuß über Spanien, wo er in einem Lager interniert wurde, und erreichte schließlich London, wo er sich de Gaulle anschloss. Ein Franzose aus einem Palast am Bosporus, aber ein freier, ein unbesetzter Franzose.

Das Ende einer Ära: vor zwei Jahren haben die letzten Ostrorogs, die Familien du Petit Thouars und Liedekerke-Beaufort, ihr Haus verkauft. Der berühmteste türkische Milliardär, K., hat das Yalı in Kandilli erworben.

*

Çamlıca, ein winterlicher Sonnenuntergang über der Bosporusbrücke, die nach einer Selbstmordepidemie für Fußgänger verboten ist. Ein ansehnlicher Hügel, überzogen von heilkräftigen Quellen (die feinen Damen Istanbuls kamen hierher zur Wasserkur) und von riesigen Fernsehantennen starrend. Çamlıca bietet bei klarem Wetter einen majestätischen Blick auf den Bosporus und die Stadt. Baumgruppen umstehen die mit grauen Platten gepflasterte Kuppe. Pavillons aus lackiertem Holz erinnern an China, die Kiosks und Brunnen aus weißem Marmor zitieren französische Kurorte wie Plombières oder Vichy. Auf der Umrandung aus Bänken kann man sich von der Landschaft verschlingen lassen. Irgendwo vor einem Mikrofon (außer es ist eine Konserve) zupft ein Musiker an den Saiten einer Saz. Die Töne dringen aus in den Bäumen versteckten Lautsprechern, ein klarer, perlender Klang. Die Nacht gleitet heran, auf Schichten belebender, fast kalter Luft. Unversehens weicht das Tageslicht, breitet einen rosa Dunstvorhang vor das Marmarameer, flieht schließlich ganz. Europa scheint mit ihm zurückzuweichen und das Gesims von Çamlıca sich von der Erde loszulösen. Die Brücke, die doch ganz nah ist, verschwindet unter einer Schattenbahn. Vom Autoverkehr sieht man nichts mehr als eine gepunktete Schlangenlinie von Ampeln und Scheinwerfern. Am anderen Ufer donnert die Kanone, die das abendliche Fastenbrechen ankündigt. Noch sind ein paar Plätze frei in den Pavillons, wo man das traditionelle *iftar*-Mahl serviert, aber wir sind Luft für das Personal, das von der integristischen Propaganda bearbeitet wird. Die Kellner sehen uns nicht, das erspart es ihnen, uns hinauszuwerfen. Draußen, unter einem Kiosk, drei Frauen mit blauen Schürzen, im Schneidersitz direkt auf dem Marmorboden, wo sie einen Pfannkuchenteig rühren.

Rückkehr nach Istanbul zum Abendessen in einem Lokal unterhalb des Balık Pazarı (des Fischmarkts – guter Kaviar am Portal der orthodoxen Kirche). Fayçal, der Kellner, kennt Dutzende Lieder und Gedichte. Er kann das Gesamtwerk von Paul Eluard auf Türkisch rezitieren. Er serviert uns frittierte Sardellen *(hamsi)*, wahrscheinlich sind sie mit Quecksilber und Blei vollgepumpt, aber sie schmecken herrlich, knusprig. Mit den Anchovis ist es wie mit den Austern: Man isst sie nur in den Monaten mit R. Gegenüber von Fayçals Lokal eine bekannte Gaststätte, Cumhuriyet, in der Atatürk Stammgast war.

»Hier hat er sich seine Zirrhose geholt!«, sagt Jacky.

*

Wieder Winter. Landungsbrücke Kabataş. Milde, Windstille, Bleihimmel, graues Moiré des Wassers zwischen den beiden Ufern, und ganz hinten im Bosporus, Richtung Marmara, ein Schimmer von altem Gold, der die Wolkenschicht eröffnet. Der Kapitän eines Ausflugsdampfers wandert auf und ab. Er wartet auf die Touristen, die nicht kommen werden. Fischer in reglosen Booten, am Kai zwei miteinander vertaute Fähren, die ihren schwarzen Qualm spucken. Ich besteige die, die gleich ablegt. In Üsküdar die Rufe der Fischverkäufer. »Super hamsi! Super hamsi!« Ihre Stände stehen parallel zum Kai. Die Fischhändler begießen sie mit eimerweise Wasser, das sie aus dem Bosporus geholt haben. Es ist, als wären diese Sardellen, die nie ein Stückchen Eis sehen werden, direkt aus dem Bosporus gesprungen, um sich brav in die Kisten zu legen, eine neben der anderen. Brummen der Generatoren, die die Lichterketten mit Strom versorgen. Möwen, im Gegenwind balancierend. Und das Bosporuswasser mit Weiß besprenkelt: die Flecken der Quallen.

Ein riesiger Öltanker heult auf, während er in die Meerenge einfährt. Eine Fähre bremst ab, um ihn passieren zu lassen. Woran denken diese Fährkapitäne, die Steuermänner der *Tuzla*, der *Kacar* oder der *Mustafa 1*, die sie, ohne sich je zu entfernen, ihr Leben lang zwischen zwei Kontinenten hin und her schiffen, ohne dabei jemals Vorfahrt zu haben?

Wind vom Schwarzen Meer. Er kann Stürme bringen, Schnee, gar strengen Winter. Es ist vorgekommen, dass der Bosporus zufror. Wir wollen nichts übertreiben, es war vielleicht zehnmal in 2000 Jahren (763 sind die Eisberge so mächtig, dass sie die Seemauer beschädigen, berichtet Ernest Mamboury in seinem Reiseführer); um drei Uhr nachmittags wird es dunkel, ich warte auf den Schnee.

Nächster Tag, selber Ort, selbe Zeit (und selbes Risotto). Der Wind hat sich gedreht und lässt einen Gischtteppich auf dem Bosporus aufsteigen. Gebrochenes, fast weißes Licht an der Wasseroberfläche.

*

»Geliebte Körper, in einen Sack genäht und in den Bosporus gestürzt.«[26] Auch ein Friedhof war der Bosporus; für aufständische Janitscharen – mehrere Tausend Rebellen wurden nach der Revolte unter Ali dem Schwarzen 1731 ertränkt; für die Frauen aus dem Harem, die regelmäßig nach der Geburt eines Sultanssohnes ins Wasser geworfen wurden – unter der Herrschaft Mustafas IV. 200 in einer Nacht –, es war das sicherste Mittel, Erbfolgestreit zu vermeiden; die Schönheiten der Stadt, die der Untreue verdächtig waren, erhielten den gleichen Sarg: den zugenähten Sack, der nächtens in den Strom geworfen wurde.

*

Ausblick aus meinem Zimmer, eines Junitages: eine Demonstration auf dem Bosporus. An die 50 Schiffe haben sich unter lautem Sirenengeheul versammelt. Kleine Frachter unter der Flagge von Naturschutzorganisationen, Fähren, Fischerboote, mächtige Schnellboote, Motorboote. Die Demonstranten stehen an Deck ihrer Schiffe. Sie blasen in Trillerpfeifen und Nebelhörner, schwenken Spruchbänder: NO PASSAGE TO NUCLEAR WASTE, oder SAFETY BEFORE DISASTER! Ein Öltanker mit purpurrotem Bug kommt vom Schwarzen Meer her. Die Flotille manövriert, um ihm entgegenzufahren und ein Schandspalier zu bilden. Der Öltanker versucht die Demonstranten mit kurz hervorgestoßenem Geblök zu übertönen. Auf den Schiffen der Protestler umso mehr Gepfeife, Trompeten. Leuchtfeuer werden entzündet, deren grüner, roter, lila Rauch den Öltanker bis ans Marmarameer begleitet. Die heraufbeschworene Gefährdung ist real. Am Bosporus herrscht die Verschmutzung, jederzeit kann ein Tanker explodieren. Gar nicht zu reden von den Atom-U-Booten, die, so lasse ich mir sagen, auf Periskoptiefe die Wasserstraße durchfahren, obwohl ich noch nie auch nur das kleinste Okular erblickt habe.

*

Yücel ist 63 und steckt eine Zigarette an der anderen an. Dicke, sonnengebräunte Haut, getupft von weißlichen, vom Salz gehärteten Flocken, Haarbüschel in den Ohren, die Augen geschützt von einer Rauchglasbrille und dem Schirm seiner Mütze. Ein flüchtiges Lächeln, dem zwei Zähne fehlen. Er trägt ein kariertes kurzärmeliges Hemd (Zigarettenschachtel in der Brusttasche), blaue Hosen und alte schwarze Mokassins. Es hat gedauert, bis ich ihn gefunden hatte, ihn oder einen seiner Gefährten auf dem Bosporus, aber schließlich hat er mir einen Treffpunkt am Kai von Ortaköy genannt, und da springe ich nun auf sein blaues Boot, das den Namen seines Sohnes trägt, *Akin*. Der 90-PS-Motor springt problemlos an. Der Kutter legt ab, den Strom hinauf an diesen einstigen kleinen Fischerdörfern vorbei, Ortaköy, Arnavutköy (Dorf der Albaner), dann der einstige kleine Kohlehafen Kuruçeşme. Yücel stammt aus Samsun im Norden der Türkei, lebt aber schon immer in Istanbul.

»Mein Vater war Schreiner«, erzählt er, »ich bin seit 30 Jahren Fischer, Tag für Tag. Wir waren fast 100 allein in Ortaköy, jetzt sind wir nur noch vier. Der Tourismus hat die Fischer vertrieben, sie fahren jetzt lieber Ausflugsdampfer, da verdient man mehr.«

Er weist mit der Hand auf die Terrassen der Fischrestaurants, die sich immer zahlreicher unter den Platanen oder auf schwimmenden Terrassen ausbreiten.

»Dort verkaufe ich meinen Fisch, aber ich bin nicht mehr lange dabei. Meine Tochter heiratet bald, mein Sohn macht seinen Uniabschluss im Tourismus, bald brauchen sie mich nicht mehr.«

Die Wellen eines Frachters lassen den Kutter tanzen, Yücel drosselt den Motor und pariert jeden Wellenschlag mit einer Bewegung des Steuerruders. Jeder Fischer hat sein Eckchen, sein kleines Stück Bosporus, und da hat er seine Gewohnheiten mit der Strömung, dem Grund, dem Fisch. Für Yücel liegt es ein paar Hundert Meter vor der Bosporusbrücke, nicht weit vor dem europäischen Ufer.

»Hier haben wir 30 Meter Wasser unter dem Kiel.«

»Und, ist es eine gute Stelle?«

»Sagen wir, nicht so übel, allerdings ein bisschen gefährlich, die Tiefenströmung ist stark, außerdem bekommt man alle Wellen von den Frachtern ab. Aber heute werden wir nichts fangen, der Wind steht schlecht. Die beste Zeit ist im Frühling, da kommen die dicken Fische aus dem Schwarzen Meer ins Marmarameer, und im Herbst andersrum, aber die Verschmutzung lässt den Fisch abkratzen, die Verschmutzung und die japanischen Radars auf den Tankern, der Radar sterilisiert die *mezgits*. Früher erwischte ich hier viele, jetzt hin und wieder einen, wenn ich Glück habe.«

»Wissen Sie, ab wann es bergab ging mit den Fischen?«

»Das letzte gute Jahr war 1989. Bis dahin hat man sich gar nicht erst um kleine Fische wie die da gekümmert« (er zeigt auf die magere Ausbeute am Boden seines Plastikeimers), »die haben wir zurückgeworfen. Heute behalte ich sie, nicht zum Verkaufen, die nimmt keiner, aber für zu Hause. Ach, ich hoffe ja doch, dass wir bald in die EU kommen.«

»…?«

»Die machen das Wasser sauberer, und dann kommt der Fisch wieder, mit der Donau haben sie schon angefangen. Hier macht jeder, was ihm passt. Europa wird den Bosporus retten, sonst stirbt er und wir gleich mit.«

Ich wage ein paar indiskrete Fragen. Er antwortet ganz ruhig, dass er Muslim ist, aber an keine Religion glaubt, nur an Gott, und nachdem er sein Leben hier auf dem Bosporus verbracht hat, kann er dem Höchsten danken, dass er nicht allzu streng mit ihm umgegangen ist. Die Wellen von einem Öltanker ziehen unter dem Boot hindurch, es ist, als würde es zustimmend nicken zu dem, was eben gesagt wurde. Er tätschelt den alten Rumpf wie ein vertrautes Tier.

»Hat es denn Stürme mitgemacht?«

»Schauen Sie nur diese Narben!« Er zeigt auf ein paar eingedrückte Latten über der Wasserlinie. »Jedes Jahr gibt es mindestens einen, aber in 30 Jahren habe ich nur fünf oder sechs Fischer über Bord gehen sehen. Die Kratzer da hat es von einem Sturm letzten Winter. Im Sommer überhole ich es. Jedes Jahr im Juli lege ich es trocken, richte es her und repariere es. Sobald der Lack trocken ist, hopp, zurück ins Wasser.«

»Und die Delfine? Ich will doch hoffen, dass die nicht weg sind.«

»Die nicht! Davon gibt es noch viele im Bosporus, sie zeigen uns, wo wir die Netze auslegen müssen, denn sie sind immer hinter Schwärmen kleiner Fische her.«

»Und die Seehunde?« (Ich denke an die, die schon die Seiten der *Odyssee* benetzten, die im Schaum rund um die Insel Pharos spielten, und an ihren letzten Vertreter, der ausgestopft über dem Tresen der Handelsunion in Alexandria hing.)

»Früher kamen oft welche vorbei. Genau hier, wir lagen an ihrem Weg, und wir spielten mit ihnen, warfen ihnen Fische zu. Den Letzten habe ich 1966 gesehen, das ist ein paar Jährchen her.«

»Und seitdem nichts mehr?«

»Nichts.«

Zwei Erdgastanker ziehen vorbei, sie sind so hoch, dass sie Asien verdecken.

»Jeder von ihnen«, erklärt Yücel, »ist eine Atombombe, an dem Tag, wo einer von ihnen explodiert, ist alles aus … Fahren wir zurück? Der Wind steht schlecht.«

Wir verabschieden uns in Ortaköy, ohne dass er sich auch nur seine Benzinkosten erstatten ließe. Die Sonne heizt die Uferböschung noch mehr auf. Nicht ein Zoll des Ufers, an dem er sein Boot vertäut, ist frei von Müll. Auf über zwei Metern Breite bildet die Verschmutzung eine widerwärtige Borte. Weiße Styroporkügelchen, Flaschen, Plastikfetzen, Splitter von Holzpaletten, tote Fische, schwarze Müllbeutel inmitten von Abfall und Pfützen aus

Motoren- oder Erdöl. Sind wir dazu verurteilt, in Zukunft überall durch diesen Morast zu waten? Ich sehe dem kleinen Mann nach, wie er davongeht, weder traurig noch fröhlich, seinen Eimer in der Hand, mit noch rüstigem Schritt. Er geht an den Tischen einer Caféterrasse entlang und verschwindet im Schatten der Platanen. Als ich nach Hause komme, ist er Teil der Erinnerungen geworden, die mich bis zu ihm geführt haben.

Palermo, Tanger, Venedig, Limassol, Korfu, Korčula, Byblos, Beirut, Marseille, Bonifacio, Alexandria. Und jetzt Ortaköy/Istanbul am Bosporus. Fischerdörfer und Siedlungen, jede eine Welt für sich. Rund um das Mittelmeer die gleichen Kulissen, die gleichen Gesten. Männer stehen in Booten auf dem Wasser eines ruhigen Morgens, sie werfen Netze aus, holen Reusen ein, lauern auf Tintenfische, sammeln Seeigel; gemeinsame Mahlzeiten an schiffsblauen Tischen, in Sonne und Wind, vor Bougainvilleen und aufgeheizten Steinen, im Hintergrund das Meer.

Die Fischer befahren die Wasser eines romanischen Meers, das zuvor Odysseus befahren hat, nie ist Homer weit; auch Aristoteles und Augustinus nicht. Ihre Gesten erzählen vom Stolz des Lebens, von vollendeten Völkern, von einer Art und Weise, mit der Welt eins zu werden, von einer gewissen Einheit vom einen zum anderen Ufer dieses Meeres, das einer der Heimatorte der Seele war. Was aber, wenn die Zeit bald schon genug von dieser Geschichte geleckt hätte, die die unsere ist? Zum ersten Mal denke ich an all diese Menschen, als wären sie Figuren einer Ewigkeit, die nicht mehr von langer Dauer ist.

*

Apropos Delfine und Yalıs: »Plötzlich aus dem Schlaf gerissen von einem höllischen Lärm, merkte ich, dass mein Bett wie von einem Erdbeben erschüttert wurde. (...) Zunächst glaubte ich, dass ein vom Kurs abgeratenes Schiff die Villa gerammt hätte. (...) Ich schwang mich aus dem Bett und rannte nach unten. Doch da war nichts Außergewöhnliches festzustellen, außer dass die ganze Villa wie unter einem Bombenangriff weiterbebte. (...) Als ich mich der Einfahrt des Bootshauses näherte, sah ich mit Staunen, wie sich drinnen ein riesiger Delfin in der schäumenden Gischt wild von einer Wand gegen die andere warf. Irgendwie musste das Tier durch die breite Öffnung in das sich innen verjüngende Bootshaus geraten sein und versuchte jetzt, dem seichten Wasser und der Enge zu entkommen. Sein in Todesangst hin und her schlagender Schwanz schaufelte das Wasser bis an die Decke. (…) Sobald er tieferes Wasser erreichte, wuchs seine Zuversicht. Und bevor er diesen unheimlichen Ort verließ (…), schaute er noch einmal zurück auf die moosigen Wände und die morschen Planken der zerfallenen Anlegestelle dieses seit Jahren nicht mehr benutzten Bootshauses. Es schien, als suche er jemanden oder vielleicht auch nur die blau und grün angemalten geschnitzten und mit Ornamenten verzierten schlanken Boote aus alten Tagen. Dann tauchte er seinen Kopf in die Wellen, zog schnell an mir vorbei und verschwand im Blau des Bosporus.«[27]

Inspiriert wurde dieser Text, so sollte mir der Autor später in Paris berichten, von einer alten Frau, die am asiatischen Ufer in einem Yalı wohnte, in Anadolu Hisarı, gegenüber der Festung Rumeli Hisarı. Sie war eines Tages von einem Delfin geweckt worden, der in ihr Kajik-Bootshaus eingedrungen war.

*

Ich frage einen Taxifahrer nach seinem Namen. Er drückt aufs Gas und sagt:

»Hayrettin!«

»Hayrettin wie – ?«

»Genau, mein Vorfahre war einer seiner Seeleute, er hat seinen Namen übernommen.«

Sohn eines griechischen Töpfers aus Mytilene: Barbarossa, alias Hayreddin, zum Islam konvertiert wie seine drei Brüder, die in der Welt der Korsaren im 16. Jahrhundert alle mehr oder weniger berühmt wurden. Hayreddin[28] hatte einen bemerkenswerten Auftritt in den Fluten des Bosporus gehabt, begleitet von einer Flotte von 18 Galeeren. Als *Kaputan Pascha* (Großadmiral) und *Beylerbey* (Gouverneur) der Inseln befestigte er Algier, schlug vernichtend Andrea Doria in Prevesa, verwüstete Sizilien, war bis nach Sevilla gefürchtet und kam als Verbündeter von Franz I. nach Marseille. Hayreddin krönte Süleyman I. zum Sultan der Meere und hisste die türkische Fahne von den Küsten der Barbaresken bis an die Ufer des Schwarzen Meers. Angeblich starb Hayreddin an seinen Ausschweifungen im Alter von über 80 Jahren. »Die Türken wussten Fremde sehr gut zu ihrem eigenen Nutzen einzusetzen, in der Marine, der Architektur, der Verwaltung. Sie lieferten lange vor dem britischen Empire ein gutes Beispiel für *indirect rule.*«[29]

Das Mausoleum Hayreddin Barbarossas am Bosporus, gleich bei einem seiner einstigen Ankerplätze, zwischen Kabataş und Beşiktaş. Ein paar Gedenkstücke an Barbarossa im Marinemuseum, wo auch Kajiks zu besichtigen sind. Der Littré, das große französische Wörterbuch von 1863, definiert den Kajik (oder auch Kaik) als »eine Art kleines Boot von anmutiger, leichter Form, das in Konstantinopel in Gebrauch ist«; und das etymologische Wörterbuch von Albert Dauzat gibt an, dass die Bezeichnung aus dem italienschen *caïcco* beziehungsweise dem türkischen *qaiq* entlehnt ist[30].

Die gesamte osmanische Kriegsmarine stand unter dem Patronat der sieben Schläfer von Ephesus[31], die die Matrosen vor den Gefahren des Meeres beschützten. Ihre Namen standen am Bug der Schiffe geschrieben und wurden jedes Jahr mit dem Blut von Opferlämmern gewaschen. Die arabische Kalligrafie dieser Namen stellt häufig ein Schiff mit sieben Ruderpaaren dar.

Ein Klassiker, die Flucht des Sultans auf einer Barke. Der letzte Sultan des Osmanischen Reiches besteigt an einem Bosporuskai eine Barke und verlässt das Land auf einem britischen Kriegsschiff. In Ägypten die Flucht König Faruks per Schiff. Dasselbe Szenario für den letzten Sultan von Sansibar.

Der Kajik war eine Verlängerung des Palasts, des Yalıs, des Hauses. Im Kajik fuhr man zum Freitagsgebet, und an allen anderen Tagen nutzte man ihn für Spazierfahrten: »Der wohlhabende Effendi fährt in einem dreirudrigen Kajik, er sitzt auf einem Teppich, in zwei oder drei Pelze gehüllt, einen persischen Schal um den Leib gewickelt; vor ihm kauern die Pfeifenstopfer und der Kaffeeschenker hinter ihm; ein oder zwei Diener von geringerem Rang halten ihrem Herrn einen großen Regenschirm gegen die Sonne über den Kopf. Der Schirm darf jedoch nicht rot sein (das steht nur dem Großherrn selbst zu) und wird zusammengefaltet, sobald ein Pascha vorüberfährt oder der Kajik an einem der Schlösser des Padischahs vorbeikommt. Die Kaikschi oder Ruderer, große prächtige Leute, sind gleichmäßig gekleidet: ein weites baumwollenes Beinkleid, ein halbseidenes Hemd und ein kleines rotes Käppchen auf dem kahl geschorenen Kopf bilden die ganze Toilette, selbst im Winter«, schreibt 1836 Graf Helmuth von Moltke[32], damals Instrukteur der türkischen Truppen. Kajiks waren mehr oder weniger lang (bis zu 40 Metern, wie der von Mehmed IV., der zweimal 24 Ruderer brauchte) und mehr oder weniger mit Intarsien aus Perlmutt und Edelholz verziert (Blumen, Blätter und Obst für die Haremsboote). Es gab Kajiks mit kleinem Salon, Kiosk oder rotem Sonnensegel, Thron und Diwane für den Sultan und seine Vertrauten; Gewehrsalven vom Leanderturm aus grüßten die Fahrten des herrschaftlichen Kajiks. Ebenfalls im Museum zu besichtigen, die Spazierboote Atatürks, der gern die Seen in Ankara befuhr, in Mahagoni gefertigt, mit ein oder zwei Ruderpaaren. Und Fotos seiner beiden Yachten, *Ertoğrul* und *Ankara.*

*

Jeden Samstagabend gegen halb sieben verabreden sich die Istanbuler, sofern das Wetter es zulässt, hinter der Tankstelle von Kabataş, an dem Kai, von dem die meisten Ausflugsdampfer abfahren. Unter diesen Kreuzfahrtanwärtern viele Angehörige der Mittelschicht, Beamten oder Kaufleute, Makler, Lehrer. Alle sorgfältig herausgeputzt: Männer in Krawatte und dunklem Sakko, Frauen mit tiefem Ausschnitt und langem Kleid, aber auch alte, schwarz gekleidete Bäuerinnen mit Kopftuch, einen Proviantbeutel in der Hand, und Kinder an ihren Röcken. Etwas abseits stehen Gruppen von etwas weniger gekünstelter Eleganz. Die Kinder sind in weiße Seide gekleidet, mit farbigen, häufig grünen Blusen. Sie rennen überall herum, klettern auf die Parkbänke, belagern die Ballonverkäufer und sehen zu, wie das Schiffspersonal für den Abend Vorratskisten aufs Schiff lädt und die Buffettische deckt, mit vielen Flaschen Whisky und Rakı auf weißen Tischdecken. Auf einem alten Schiff, dem armseligsten von allen, schrubben Matrosen das Deck und schieben die Überreste vorausgegangener Festmahle Richtung Speigatt. An der Reling der *Taschkent* begrüßt der Kapitän in mit goldenen Tressen besetzter Uniform seine Passagiere.

Die Schiffe drängen sich, um eine Gangway auszulegen und eine Halteleine zu finden, bis sie beladen und die Passagiere an Bord gegangen sind. Innerhalb weniger Minuten legen ein gutes Dutzend ihre Seite an die Kaimauer: die *Okyanus,* die *Semiramis* (riesig und luxuriös), die *Taschkent I,* die *Genus B,* die *Hassan Ovassi* und so fort. Außerdem ein Geschwader kleinerer, bequemerer Schiffe, eine Art bauchige Kajiks mit Kissen und Diwanen, die alle *Lüfer* heißen, *Lüfer 1, 2, 3* … Auf einem solchen bin ich zu Gast.

Die Kreuzfahrt am Samstagabend folgt zwei einfachen Grundsätzen:

1. Es ist hell, wenn das Boot ablegt, und dunkel, wenn es zurückkommt.

2. Die Passagiere sind bei der Abfahrt nüchtern und bei der Rückkehr betrunken.

Als die *Lüfer 1* vom Kai ablegt, badet der Bosporus in einem fast unwirklichen Licht, zugleich hell und dunkel. Die zerrinnende Glut des Sonnenuntergangs, die sich über Europa erstreckt, zeichnet unglaublich klar das Ufer ab, fast durchsichtig ist es, jeder Hügel, jedes Hochhaus, Paläste, Moscheen, Minarette, alle wenden sie dem Wasser ihre schattige Seite zu, die aber von einer zarten Linie umrandet ist wie mit einem Feuerstift, während auf der anderen Seite, in Asien, Stadt und Hügel die letzte Opfergabe eines noch gelben Tageslichts entgegennehmen, golden und warm. Senkrecht zum Wasser steigt eine elfenbeinerne Mondsichel auf, an einem Himmel, der mit sehr klarem Blau bespannt ist, auf dem die Nacht schon ihre breite Stirn vorreckt. Lampen scheinen auf, Kormorane fliegen in Schwärmen, der Duft von Linden, von Bratspießen, und die Refrains der Popsongs gleiten in Schwaden über das Wasser, das vom fehlenden Wind geglättet ist, die Tanker setzen ihre unbeirrbaren Routen fort.

Auf den Ufern in allen Restaurants volle Terrassen; die Ärmsten feiern auf den Kais oder in den Parks, die Füße baumeln im Wasser. Männer trinken Bier aus der Flasche und winken den Schiffen auf dem Bosporus immer herzlicher zu. Damit sind sie gut beschäftigt, denn alle Boote Istanbuls sind unterwegs. Auf jedem Schiff wird getrunken, Lamm oder Fisch gegrillt, wird gegessen, getanzt, gesungen, geküsst, geredet.

Der Bosporus steht im Zentrum aller Gespräche.

»Wie liebten die Sultane ihren Bosporus!«, sagt jemand.

»Er ist unsere Lebensachse, unsere Glückslinie, übrigens kommt sein Name von einem türkischen Wort her, das Aorta bedeutet.«

Wir erreichen Kandilli, und mein Nachbar auf der *Lüfer*, ein Anwalt und chilenischer Konsul, äußerst elegant in seinem grauen Anzug (»Man hat mir gesagt, ich solle keine Krawatte anlegen«, erklärt er mir nicht ohne ein gewisses Bedauern), erwähnt den Grafen Jean Ostrorog: »Man musste ihn auf der Überfahrt nach Europa erleben, mit seinem Monokel vor dem Auge, er stand in seinem Boot, damit nur ja kein Staubkorn seine Hose beschmutzte. Und wissen Sie, dass er sich nach dem Tod seiner Frau, die in Südfrankreich lebte, weigerte, seine alte griechische Mätresse zu heiraten, mit der Begründung – er war ja streng katholisch: ›Ich werde Sie nicht heiraten, denn ich habe mit Ihnen zu lange in Sünde gelebt.‹«

Ali Topçu erinnert sich an seinen Vater, der Zöllner war: »Als Kind nahm er mich ans Bosporusufer mit, und wir horchten auf die Nachtigallen.«

Und später, nach zwei Stunden Seefahrt, als die Nacht gekommen ist und die *Lüfer* vor dem Anleger ihre letzte Kurve fährt: »Eine Fahrt auf dem Bosporus ist wie das Leben. Am Anfang ist man begeistert, dann wird es ein bisschen langweilig, und am Ende hat man es eilig, anzukommen.«

»Einverstanden, Ali«, antwortet eine Frau, »aber man kann jeden Samstag wieder losfahren, das Leben dagegen …«

Mitten auf dem Wasser ein Schiff, das von greller Pepsi-Cola-Reklame erleuchtet ist, und rundherum ein Gewimmel von Booten in allen Größen, Blitzlicht, kreischende Jungen und Mädchen, dazu

Hits, die dieser Chor aus dem Dunkel mitsingt. Ein Idol des türkischen Pops, Tarkan, in Deutschland geboren und aufgewachsen, lanciert seine neueste Single. Nach seiner Rückkehr aus den USA, wo er eine Zeitlang lebte, hatte er vor ein paar Tagen in einem Live-Interview die Promi-Fragen eines Fernsehjournalisten beantwortet: »Es gehen Gerüchte um … Es heißt, Sie wären vielleicht heimlich homosexuell?«

»Wenn ich das wäre, würde ich es sagen, aber ganz ehrlich, nein, dabei habe ich gar nichts dagegen, das macht jeder so, wie er will, aber was mich angeht, nein.«

Zwei Tage darauf hatte eine Boulevardzeitung Fotos von Tarkan veröffentlicht, die ihn nackt und in Gesellschaft ebenfalls nackter junger Männer zeigten. Die Schnappschüsse des Paparazzo waren angeblich recht unzweideutig. An diesem Abend im Wirbel der Boote, die das Pepsischiff des Sängers eskortieren, beugen sich Jugendliche heraus und grölen: »Du bist schwul, Tarkan, aber wir lieben dich trotzdem!«

»Jaaaaa, wir lieben dich, Tarkaaaaaaan!«

Bisher denkt niemand an das Ende der Fahrt, im Gegenteil. Überall explodiert das Leben. Die Energie der Stadt entlädt sich in einer allgemeinen Stimmung von Rausch und Vergessen. Von beiden Ufern her steigt Festmusik auf. Jede Biegung des Bosporus hallt von Böen von Techno oder türkischer Musik, dazu weiteres Gejohle. Alle Verstärker sind bis zum Anschlag aufgedreht. Auf den Außentanzflächen der Nachtklubs nahe den Landungsbrücken zeichnen die gedrängten Bewegungen der Tänzer wallende Massen in Aquarien aus Licht. Überall sich regende Hintern, Brüste und Hüften, hochgereckte Arme, während Feuerwerke den Himmel mit nicht enden wollendem Lichtdekor übersäen. Von einem zum anderen Ufer und auch auf den Booten, die schwanken und wippen, als tanzten ihre Rümpfe im selben wahnsinnigen Takt, der die Wasser durchrüttelt und die Menschen in ihrer Ungeduld, sich gierig in die unendlichen Arme des Begehrens und des Traums zu werfen.

II

Der Mauer zu folgen heißt, durch die Zeit zu wandern

Der Mauer zu folgen heißt, der Stadt ihre Form zu verleihen, ansatzweise ihre Existenz zu begreifen, ihre Geschichte zu denken. Es heißt auch, durch die Zeit zu wandern, dem geheimnisvollsten aller Ströme aufwärts zu folgen. Die alte Mauer, wie die Engländer sagen, prägt ihre Perspektiven und Ecken den Träumen dessen auf, der in ihrem Schatten wandelt. Stellenweise Risse, Breschen, Flickstellen und Narben, wo sie recht und schlecht ausgebessert wurde, aber über mehr als sieben Kilometer hinweg noch immer aufrecht vom Marmarameer bis ans Goldene Horn: Die uralte Theodosianische Landmauer hat die Jahrhunderte vorbeiziehen sehen, die Armeen, die Welten, sie hat den Ruhm bedient, sich mehr als viermal gewandelt und ist heute auf Fotos zu sehen, die von Satelliten aufgenommen werden[33]. Bei ihr sollte jede Entdeckung Istanbuls beginnen. Oft merkt man das zu spät. Wie oft habe ich ihre Tore passiert, vom Flughafen kommend, ohne etwas von ihr wahrzunehmen, ich hatte es eilig, ins dunkle Herz der Moscheen-Kathedralen zu gelangen, zu den Sonnen der Mosaiken, dem Gedärm der Straßen, der hohlen Ader des Bosporus, und ich missachtete diese steinerne Haut, aus der das Fleisch herausdrängt, mein Auge war gefangen vom Licht des Meers und den Umrissen der Schiffe, die zu Hunderten, reglose Krokodile auf dem glatten Wasser, in der natürlichen Reede des Marmarameers vor Anker liegen.

Eminönü, Fährenanleger, Wogen des Himmels und des Wassers, Schwaden schwarzen Rauchs von den Booten aufsteigend, blinde Musikanten an einem von Salz und Rost starrenden Geländer, Lieder, auf den Wind geschrieben, Gerüche nach Diesel und gegrilltem Fisch, der Schatten vom Minarett der Yeni Camii. Im fließenden Verkehr halte ich ein Taxi an und erkläre, ich wollte hinter den Kennedy-Boulevard, auf Höhe der Festung Yedikule, des Kastells der sieben Türme. Der kleine gelbe Fiat schält sich aus dem Stau und fährt immer schneller; der Boulevard ist breit, eine Hauptverkehrsachse mit zweimal drei Spuren, eine Einfallsstraße, auf der jetzt am frühen Nachmittag nicht viel los ist. Ich steige aus dem Wagen, als die Straße im rechten Winkel den Außenring kreuzt, der nach Topkapı führt. Als die Straße Mitte des 20. Jahrhunderts verbreitert wurde, mussten etwa 100 Meter der Mauer eingerissen werden, zwischen dem Marmorturm, der früher vom Meer umspült war, und der Christuspforte, auch Gerbertor genannt. Das Steingefüge hatte den Stürmen der Zeit widerstanden, jetzt wurde es von einem Heer von Bulldozern und Teermaschinen geschleift, die den Marmorturm zu ewiger Einsamkeit verurteilten. Auf einer Seite von den drei Asphaltbahnen flankiert, trennt ihn vom Meer ein planierter Fußweg, den irgendwie hingeworfene Betonblöcke für den Autoverkehr sperren. Sportler in glitzernden Anzügen joggen am Ufer. Andere stützen sich auf den Beton, um ihre Muskeln zu dehnen. Männer mittleren Alters, dunkle, ärmliche Anzüge, vom Bart geschwärzte Gesichter, schlurfen dahin, man könnte meinen, sie nähmen an einem Langsamkeitswettkampf teil; sie reden und rauchen beim Gehen, ohne einen Blick für alles um sie herum. Eine türkische Flagge, rot mit dem Halbmond und dem Stern der Hekate, weht über der Turmspitze. Tagger haben auf den polierten Marmor des Fundaments ihr Programm aufgesprüht: *Death.* Früher, ich meine damit in uralten Zeiten, betrat und verließ man die Stadt durch die Christuspforte. Die Straße führte am Meer entlang, wie heute die zum Flughafen, und trug den Namen »Römische Straße«.

Über diese Straße war Rom gekommen. Rom, ja, nicht nur die Römer. Die Goten lagerten an der Donau, die Perser am Ufer des Euphrat, und das Kapitol wankte. Konstantin suchte einen Ort in gleichem Abstand von seinen bedrohten Grenzen, wo er seine Kräfte sammeln wollte, seinen Ruhm erneuern und sein Reich stabilisieren. Er schwankte zwischen Serdica (Sofia) und Ilion, der alten Stadt Troja. »Während seines Aufenthaltes zwischen dem troischen Sigeon und dem alten Ilion«, schreibt der byzantinische Historiker Zosimos, »fand er (Konstantin) den Platz, der sich zur Gründung einer Stadt eignete, und schon legte er die Fundamente und führte die Mauer teilweise zu einer gewissen Höhe empor (...), doch dann besann er sich eines anderen, gab das Unternehmen in unfertigem Zustand auf und wandte sich Byzanz zu. Voll Bewunderung für die Lage der Stadt[34]«, entschied er sich für diese alte griechische Siedlung unter römischer Verwaltung, die bereits viele Begehrlichkeiten erweckt hatte. Darius hatte, um sie zu erobern, den Bosporus auf einer Brücke aus Schiffen überquert. Philipp von Makedonien meinte, er könne sie sich unterwerfen, indem er eine mondlose Nacht im Jahr 340 v. Chr. nutzte. Während seine Leute sich in die Stadt schlichen, rissen die Wolken wie ein Vorhang auf, der Mond stand hell am Himmel und ergoss sein Licht auf die Gräben, Mauern und Dächer. Die Byzantiner, der Umarmung des Schlafes entrissen, drängten den Makedonier zurück. Eine Statue für Hekate, die Königin der Nacht, die »ihre Macht weithin ausbreitet«, die mit Hunden genährte Göttin, und ein Halbmond mit einem Stern, ihr Emblem, das sie lange auf die Rückseite ihrer Münzen gravierten: So dankten sie dem rettenden Himmelskörper. Außerdem belagerte ein gallischer Stamm, die Galater, die die Donau hinabgewandert waren, die Stadt, die sich am Ende der römischen Herrschaft unterwarf.

Was Konstantin an Byzanz reizte: sieben Hügel (jedenfalls mindestens sechs) auf einer Halbinsel oberhalb einer neun Kilometer langen Meeresbucht, deren Eingang leicht zu verteidigen war; das Goldene Horn; die vorteilhafte Nähe zu anderen Welten und zu den alten Handelsstraßen Asiens und Zentraleuropas.

Diese Umlagerung Roms in den Orient muss man sich einmal vorstellen. Eine ganze Hauptstadt verdoppelt sich und zieht um, mit ihren Beamten, Senatoren, Prätorianerpräfekten und ihrer Garde, den Wachpräfekten und der Feuerwehr, dazu ihre Zisternen, ihre Bäder, ihre Aquädukte, ihre Standbilder Christi, der Jungfrau, Hekates, Apollos, ihre Porphyrsäulen, ihre Brunnen, Gärten, Weinberge.

Eines Morgens im Winter 324 umrundet Konstantin die Stadt, die noch Byzantion heißt, zu Fuß, eine Lanze in der Hand, um den Verlauf der künftigen Mauer zu markieren. Sechs Jahre später, am 11. Mai 330, ist die Mauer vollendet, und die Stadt wird neue Kaiserresidenz. *Dies natalis,* jubeln die neuen Römer auf dem Marmor eines Reiterstandbilds des Kaisers. Die Schmeichler ziehen den Namen *Constantinopolis* vor. Dieser Name wird ihr bleiben. Ein paar Jahrzehnte später werden der Stadt ihre Mauern bereits zu eng. Theodosius II. lässt eine neue Mauer bauen, in dreieckiger Anlage, und verdoppelt damit die Stadtfläche. Zwei Seiten des Dreiecks liegen am Meer. Die Südseite am Marmarameer, die nordöstliche, geradere Seite am Ufer des Goldenen Horns. Eine massive Landmauer riegelt den Fuß der Halbinsel ab.

*

Ich wende dem Autoverkehr den Rücken zu und mache mich durch die Christuspforte beziehungsweise das Gerbertor an die stolze Mauer, die im 5. Jahrhundert errichtet wurde. Es ist ein schöner später Frühlingsnachmittag zu Beginn des 3. Jahrtausends. In der Hand halte ich ein Buch, das 1951 veröffentlicht und von Ernest Mamboury verfasst wurde, dem Schweizer, der am Galatasaray-Gymnasium Französisch und Zeichnen unterrichtete; bei meinen Wanderungen diente es mir geradezu als Bibel (so ähnlich wie es in Alexandria der gleichnamige Aufsatz von E. M. Foster gewesen war). Der Händler, der es mir in einer Nebenstraße der İstiklâl verkaufte, machte mich um gut 100 Dollar leichter, aber die Ehrlichkeit, Verständlichkeit und Genauigkeit, mit der der Autor in seinem Buch mit dem wenig verlockenden Titel *Istanbul touristique*[35] ans Werk geht, tröstete mich über seinen Preis hinweg, zumal, das sollte ich hinzufügen, dieser allein durch meine Ungeduld hochgetrieben wurde und durch meine Abscheu vor dem Feilschen.

Die alte Mauer wirkt intakt: eine solide Basis aus hellen Steinblöcken, gleichmäßige Ziegelreihen, an der Außenseite zahlreiche Türme, die ihr einen Rhythmus verleihen (400 an der ganzen Mauer, und 50 Tore), stellenweise rosafarbener Putz. Die Gerberei, die den äußeren Abhang bis hin zum Graben besetzte und ein altes Industrieviertel bildete, ist seit 1990 verschwunden. Man muss den Kopf in den Nacken legen, um das lorbeerbekränzte Christusmonogramm auf der Außenwand zu erkennen (in Wirklichkeit muss ich am nächsten Tag noch einmal kommen, um es zu entdecken). Im Schatten des Torbogens Matratzen und alte Kartons, noch rauchende Asche, Uringeruch. Drei gelbe, räudige Hunde liegen da wie vor ihrem Zuhause und verteidigen ohne allzu große Überzeugung den Durchgang. Ein schlechter, abschüssiger Weg, der unterhalb der Mauer wieder ansteigt, führt auf unbestimmtes Gelände, eine Brache ohne visuelle oder akustische Merkmale, wo Gras und Verlassenheit wuchern.

Rechts Stacheldraht, Bäume und ein paar bewohnte Baracken, die unter üppigen Spalieren versinken. Tauben hocken auf einem komplizierten Gewirr von Strom- und Telefonkabeln, die alle an weit entfernten Masten die Leitungen anzapfen. Auf halber Höhe eines seichten Abhangs ein Autofriedhof, jedes einzelne wie ein Objekt des Bildhauers César und aufeinandergeschichtet wie die Skulpturen Armans, daneben eine Brache mit Industrieabfällen und Abraumhalden. Der Asphalt ist abgeplatzt, die Straße verwischt, ein Trampelpfad ersetzt sie. Mein Kommen löst beunruhigendes Hundegebell aus. Es stammt von den Schützlingen des türkischen Tierschutzbundes, der Eigentümer eines weiten Geländes mit Käfigen ist, sie begrüßen mich mit ihrem Lärmen. Vor dem Gatter des riesigen Zwingers laufen ein paar einsame Tiere im Kreis und fletschen lustlos die Zähne. Es ist, als stünden sie am Tor zum Tierparadies, wo sie mit eingeklemmtem Schwanz warten, eingelassen zu werden, aber sie lauern nur auf einen Fressnapf, den ihnen ein Wärter vorwirft, um ihren Hunger zu überlisten.

Eine moderne Fabrik, Otomotiv Teknik Tekstil Sanayi A. S., beherrscht diese entzauberte Fläche, die von Müll besudelt ist, weder Stadt noch Land, zu einer riesigen Brache verunstaltet wie so viele Orte auf der Erde. Vor dem Fabriktor parkt ein dickes BMW-Coupé, mit einem staubbedeckten, aus einer hellen Plane geschneiderten Leichentuch zugedeckt, unter dem weiße Reifen und Speichenfelgen hervorsehen. Hinter den Fabrikdächern andere, ältere Dächer, Werkstätten in ihrem Sarg aus Schlacke und Ruß, verlassen, und das zylindrische Skelett eines alten Gasometers, eine Ansammlung von lauter Industriegrabmälern.

Das Gebell hat aufgehört, ich laufe durch eine Hölle der Lautlosigkeit. Jede Art menschlicher Tätigkeit scheint sich aus diesem alten Arbeiterviertel verzogen zu haben. Da taucht plötzlich eine Kutsche auf, gezogen von einem mageren, keuchenden Pferd im Galopp. Der Kutscher raucht und singt lauthals vor sich hin, ohne von den Zügeln abzulassen. Dieses Lied eines Mannes, der auf den Buckeln des Weges auf seinem Kutschbock auf und ab hüpft: schwer zu sagen, ob es das Leben feiert oder den Tod. Mir kommt es nicht gerade fröhlich vor. Ist es die Klage eines Mannes, der weiß, dass sein Volk einer der Protagonisten der Weltgeschichte war?

In Tripolitza in Maurice Barrès' *Voyage de Sparte* (Paris 1987) kam ein singender Kutscher vor, so wie dieser, den ich davonfahren und die Hunde in die Gräben treiben sehe, umgeben von einer Wolke trockener Erde. Er zog wieder und wieder »seinen Bogen über seine Saiten« und wiederholte unendlich, alles sei Vergeblichkeit.

Auf der anderen Wegseite imponiert die Mauer weiterhin mit ihrer Gegenwart, ihrer Ordnung, ihrer Höhe, ihrer vertrauten Mächtigkeit; für nichts. Streng und gutmütig wie ein alter Mann, der von der Höhe seines Alters auf die Welt herabblickt. Die Füße im Gras der Gräben, schmiegt sie sich auf vier Metern Tiefe an die Krümmung des Hügels, er vermenschlicht die Landschaft so sehr, wie sie sie heroisiert. Ich steige über die Böschung und gelange über eine Bresche bis an ihre Krone, die für die große Innenmauer als Wachumgang diente. Von dieser Höhe aus kann das Auge noch leicht die ganze Architektur der Festung überblicken, die fast intakt geblieben ist. Eine zweite, weniger hohe Mauer liegt etwa 20 Meter weiter hinten. Zwischen den beiden Ringmauern eine Aufschüttung, die man als Peribol bezeichnete. Dahinter ein zweiter Peribol, dann eine Eskarpe mit Schießscharten, dahinter ein Graben – man konnte die Gräben über ein Schleusensystem auch beliebig bewässern –, und eine letzte gemauerte Grabenböschung, die sogenannte Kontereskarpe. Die verschiedenen Mauern waren über ein ausgefeiltes Gefüge kleiner Tore und Pforten miteinander verbunden.

Die gesamte Stadtbevölkerung war zur Errichtung dieser Mauer eingesetzt worden. Tausende Steinmetze, Maurer, Ziegler, Zehntausende Träger, die das Material bis zur Baustelle zu schleppen hatten. Auch die Zirkusparteien aus dem Hippodrom waren requiriert worden. Das Hippodrom war damals mehr als nur eine Pferderennbahn. Hier bildete sich eine direkte, andauernde Verbindung zwischen Volk und Kaiser heraus. Für den Bau der Mauer hatten die beiden großen *factiones* in Konstantinopel – die Grünen und die Blauen, Anhänger ihrer jeweiligen Rennställe – allein 16 000 Mann gestellt. Ich kann es mir nicht verkneifen, mir die Skins aus dem Kop de Boulogne (dem Fanclub des Paris Saint-Germain) oder die Hooligans aus Liverpool und Manchester vorzustellen, wie sie ohne ihre Schirmmützen, Bierdosen und Teleskop-Schlagstöcke ein paar Jahre lang gezwungen werden, für die Verteidigung ihrer Stadt zu schuften. Die Factiones aus dem Hippodrom waren (insbesondere unter der Herrschaft Justinians) ein Sorgenkind dessen, was man heute innere Sicherheit nennen würde. Die Grünen versteckten Steine und Dolche in Obstkörben, die sie neben sich auf den Tribünensitzen stehen hatten. Sie schreckten nie vor dem Blutvergießen zurück. Und die Blauen, die sich nach barbarischer Art kleideten, um ihre Mitbürger einzuschüchtern und zu schockieren – Gibbon erwähnt »die langen Haarzöpfe der Hunnen, enge Ärmel und weite Kleider«[36] – verbreiteten nach Sonnenuntergang Angst und Schrecken in den Straßen der friedlichen Hauptstadt des Ostens.

*

Die alte Mauer ist nicht ganz so menschenleer, wie sie aussieht. In einer Kasematte der zweiten Mauer (der kleineren) haben ein paar Outcasts ein Überlebenscamp eingerichtet. Ein Windschutz aus Wellblech am Eingang, mit Spundbohlen und Kartons verbarrikadiert, vom Feuer verkohlte Steine, ein Vorbau aus Teppichen und Decken zeigen, wie dauerhaft ihre Einrichtung ist, die nur von der Mauerkrone her sichtbar wird. So entdecke ich zwei oder drei Höhlenbehausungen zwischen der Christuspforte und dem Bahndamm, und ich verstehe, woher die mannshohen Löcher unter der Mauer kommen, die Trampelpfade auf den Böschungen oder in den Breschen und die wilden Latrinen in den Mulden der einstigen kaiserlichen Ringmauer. Zwei oder drei dieser unverbrieften Bewohner sind in eifrige Gespräche vertieft. Ihre Gegenwart gibt dem Bauwerk seine Proportionen. Die Gestalten wirken winzig. Ein Stein löst sich unter meinem Fuß. Sie blicken hoch und verschwinden, spurlos, wie von der Mauer verschluckt.

Das Istanbuler Bettelvolk bildet nicht den einzigen Nutzer des theodosianischen Bauwerks. Im Schatten eines Feigenbaums, vom Verkehrslärm auf der Demirhane Yolu durch die Kontereskarpe abgeschirmt, spielen vier Männer Karten und trinken Rakı. Sie sind mit dem Auto gekommen, einem kleinen Honda, auf einem Weg entlang dem Bahndamm, und haben sich mit einem gewissen Sinn für Komfort eingerichtet. Vier Campingstühle, ein Klapptisch, eine Kühltasche für Rakı-Wasser und Bier sowie einen Teppich für das Gebet und die Erholung von ihrem Trinkgelage. Sie sind Stammgäste hier, jedes Mal, wenn ich da bin, werde ich sie antreffen.

Die Mauer schützte einst das Herz der Hauptstadt vor Fremden und Feinden. Sie erlaubte es den Bürgern der Stadt, sich zu Hause zu fühlen. Eine Wunde in der Mauer, und das Reich blutete. Diese stehende Grenze von dreifacher Stärke ist nichts und niemandem mehr zunutze. Und wie der Triester Schriftsteller Claudio Magris bemerkte: »In der gegenwärtigen Irrealität der Welt wird es immer schwerer, eine Antwort auf Nietzsches Frage zu geben: ›Wo darf ich heimisch sein?‹«[37] Die Frage stellt sich für die alten Istanbuler mit einer gewissen Dringlichkeit, ein paar Tausend Einwohner, die sich in ihrer Geburtsstadt nicht mehr zu Hause fühlen, und genauso die Millionen Neuankömmlinge, die nicht wissen, wo sie eigentlich leben. Wie können sie sich unter diesen Bedingungen zu Hause fühlen? Nur ein paar Außenseiter, Obdachlose oder Junkies, nutzen heute den Schutz der Mauer, verkriechen sich in den Stein und in das Vergessen, dem unsere Zeit sie überlassen hat. Wer übrigens schützt da wen?

*

Die schwarzen Engel, die auf den Ruinen hocken wie Tote auf ihren Gräbern und mich an die Akriten[38] erinnern – die Grenzspäher, die in den Randgebieten des Byzantinischen Reiches der Barbaren harrten –, die Dauerhaftigkeit der Mauer, ihre Fremdheit, ihre gewisse Unsterblichkeit, die Vernachlässigung, mit der man die Innenhöfe vor sich hin vegetieren lässt, die Unbestimmtheit der Landschaft, die Erscheinung des allzu mageren Pferdes, dessen Flanken herausstehen wie die Ringe eines Fasses, und des singenden Kutschers, ihr fast augenblickliches Verschwinden, weiß Gott wohin, die durchsichtigen Männer, die durch die Mauern treten, das Gefühl einer allgemeinen Unschärfe – wo sind wir, in welcher Zeit? –, alles das verleiht diesem Ort eine Art Traumcharakter, der zwar abnimmt, wenn man den Bahndamm und die Festung Yedikule hinter sich lässt, aber doch nie ganz vergeht und seine Stimmung der ganzen Stadt aufprägt. Er überträgt uns auch die starken Gefühle, die seine Erbauer anspornten: Wagemut, Loyalität, Vertrauen, Tapferkeit, Liebe zur gut erledigten Arbeit. Es liegt etwas Ewiges in der Schönheit, und gerade weil diese Mauern schön sind, inspirieren sie derart die Fantasie zu einer seltsamen Rückkehr an die Ursprünge. Mauern, die längsten Europas, doch zunächst umrundeten sie einen Traum. Römische Kaiser hatten sich ausgedacht, dass Rom gen Osten pilgern sollte, und dieser Gedanke, der Konstantins Fantasie entstiegen war und den seine Nachfolger übernahmen, hatte in der Wirklichkeit Gestalt angenommen; die Barbaren hatten das Ihre dazu getan, denn im Jahr 476 war Rom, das ursprüngliche, schließlich in ihre Hände gefallen, sodass Konstantinopel als einzige Hauptstadt des Römischen Reiches übrig blieb. »Odoaker war der erste Barbar, der in Italien über ein Volk herrschte, das einst eine gegründete Obermacht über den übrigen Teil des menschlichen Geschlechts behauptet hatte«, schreibt Gibbon.[39] In den 1960er-Jahren hatte Alain Robbe-Grillet in Istanbul einen Film gedreht; er kannte die Stadt, weil er zehn Jahre vorher mit seiner Frau dort gewesen war, die aus Armenien stammte. *Die Unsterbliche* beginnt mit den »alten Mauern Konstantinopels, von einem (auf dem Bild unsichtbaren) Auto aus gesehen, das mit gleichmäßiger, ziemlich großer Geschwindigkeit über eine Ringstraße fährt«[40]. Der ganze Film ist wie eine moderne Fabel über das Thema der Grenze konzipiert – nicht aus Zufall beginnt das Ganze mit der Mauer –, und zwar die Grenze zwischen Realität und Fiktion. »Die Mauern von Byzanz …«, sagt die Filmheldin, »… sie müssen wieder einmal aufgebaut werden … Vom Marmarameer bis zum Goldenen Horn fahren Sie, so weit das Auge reicht, an einer Reihe verfallener Türme entlang … zum Schloss der Sieben Gefängnisse … Aber Sie lassen sich treiben … Sie sind fremd … Sie kommen in eine Traumtürkei … Nachgemachte Gefängnisse, unechte Stadtmauern, unwahre Geschichte … Es gibt kein Zurück mehr für Sie …«[41]

*

Auf meinem Stadtplan sieht der Mauerdurchgang für die Eisenbahn nicht breiter aus als der für die Straßen, die durch die Schleusen der Tore in die Stadt hineinführen. Von der eisernen Brücke über den Schienen her gesehen ist die Bresche aber gut 100 Meter breit, vielleicht sogar mehr. Zwei oder drei Häuser stehen am Bahndamm, eines davon, in einer Wegbiegung, ganz reizend herausgeputzt, so ähnlich wie die Landhäuschen der Pariser Vororte L'Hay-des-Roses oder Ville-d'Avray in den 1950er-Jahren, mit einem kleinen Garten mit Lauben und Bäumen, unter anderem Feigenbäume und viel lila blühender Flieder, dessen berauschender Duft bis auf die Brücke heraufdringt, und noch eines ganz aus Holz, mit einer Eingangstreppe aus verfaulten Brettern, verzogenen Fenstern und einer Fernsehantenne, die mit einem Seil an ein Geländer gebunden ist. (»Als wir klein waren, wussten wir, dass wir nach Istanbul kamen, wenn wir die Feigenbäume und den Jasmin rochen, der die ganze Stadt zum Duften brachte«, sollte mir Ali Topçu ein paar Tage später sagen, als er mich begleitete, um diese unvollendete Landschaft wiederzuentdecken.) Mehrere Züge mit graublauen Waggons fahren in beide Richtungen, mit mittlerer Geschwindigkeit und unter erträglichem Lärm. Über eben diese Gleise kam auch der Orientexpress, sie biegen schräg zum Marmarameer ab und führen an den Seemauern entlang zum Bahnhof Sirkeci. Zur ersten Reise des Luxuszuges am 4. Oktober 1883 hatte der *Figaro* einen Reporter entsandt. Sein Artikel begann so: »Bisher fuhr man, wenn man ein Dutzend freie Tage und einen Hang zum Verreisen hatte, in den Wald von Fontainebleau oder in eine Hafenstadt nicht zu weit vom Ärmelkanal.« Der Orientexpress, der von Hauptstadt zu Hauptstadt über diese Schienen fuhr, die man quer über Europa gezogen hatte, hatte schnell seine Stammkundschaft. Grenzhüpfer, Diplomaten, Kanonenhändler, Spione, Frauen von Welt, Abenteurerinnen und die Granden des großen Orienthandels, die mit Leder und Pelzen ein Vermögen gemacht hatten; Paul Claudel sagte von ihnen, sie seien »so reich, dass sie ihre Diamanten ins Gepäckfach geben«[42]. Die dreiachsigen Pullmanwagen aus Teakholz, im italienischen Stil ausgemalte Decken, mit Schnitzereien und Intarsien überzogene Seitenwände, stellten eine Art ambulante Verlängerung der Pariser oder Berliner Salons dar. Das »wunderbar dumpfe Rattern des Konvois«, schrieb Valéry Larbaud, und die Landschaft, die vor den Scheiben vorbeizog, schienen nur deshalb zu existieren, um die Fortbewegung zu beweisen. »Leih mir dein lautes Rattern«, so Larbaud weiter, »dein hohes, so sanftes Tempo, dein nächtliches Dahingleiten durch das erleuchtete Europa ...« Ferdinand Bac, ein später, regelbrüchiger Sohn des französischen Kaiserreiches, Dilettant mit dem losen Schicksal eines litzenbesetzten Ärmels aus dem alten Europa, ein bisschen Maler, ein bisschen Schriftsteller, Historiker, Gärtner und Dekorateur, nahm den Luxuszug im Jahr 1910. Von seiner Reise, die er in Begleitung von Cosima Wagner unternahm, berichtet er: »... wie sie sich mit Schleiern behängte, sich Respekt verschaffte, während sie von den ergebenen Gefolgsmännern des genialen Maestros die Ehrerweisungen entgegennahm, und die Würde wurde nur gemindert durch das Hereinplatzen eines Oberkellners und seinen Ruf ›*Premier service!*‹«[43] Köstliche Zeiten mit den Annehmlichkeiten des Ancien Régime, die im Sommer 1914 zu Grunde gehen sollten, bevor sie, aber kantiger, etwas künstlich, leicht spöttisch, im Wirbel der 1920er-Jahre auferstanden, als würde die berühmte *douceur de vivre,* die schon Talleyrand erwähnte, bei jedem Aufwallen der Geschichte von ihrer kostbaren Substanz verlieren, so dass die Lava aus dem Vulkan unter den Füßen der Tänzer immer heißer würde. Der »Schlafwagen-Kult« – um mit Jean d'Ormesson zu sprechen – entschlief in aller Sanftheit. Der Düsenjet verdrängte den Wagon-Lit. Eines Abends im Mai 1977 verließ der legendäre Zug den Pariser Gare de Lyon zu seiner letzten Fahrt, mit einer Verspätung von 17 Minuten nach 15-jähriger Agonie[44]. In den Folgejahren führte der Orientexpress ein vergängliches Fortleben in seiner einfachsten Ausdrucksform, ein Schlafwagen, eingepfercht zwischen Liegewagen zweiter Klasse, in denen sich türkische (oder jugoslawische oder bulgarische) Gastarbeiter für die Heimfahrt aus Paris, Mailand oder Frankfurt drängten. Europa hatte sich von einer Kultur des Individuums gelöst, um ins Zeitalter der Massen einzutreten. Woran mochten sie wohl denken, diese Arbeiter aus Anatolien oder Istanbul, die am eigenen Leib erfahren hatten, was Exil und Verlust bedeuten, wenn der Marmara-Express (so hieß die proletarische Version des Orientexpress) mit halber Kraft die Mauer passierte und unter den Eisenträgern hindurchrollte, auf die ich mich gerade stütze und die in diesen ganzen Jahren den Glanz des Neuen eingebüßt haben?

*

Weg von der Eisenbahnbrücke, komme ich wieder an die alte Mauer. Ihr Schatten liegt auf Brennholzlagern und ein paar Werkshallen, unter anderem eine Autowerkstatt, die sich unter einem vom Rheuma zerfressenen Turm eingerichtet hat. Seit ich die Christuspforte hinter mir gelassen habe, bin ich bis auf meine Gespenster, meine Hunde und ein Paar alter Briten mit hohen ledernen Wanderschuhen und kleinen Rucksäcken, keiner Menschenseele begegnet, hier aber treffe ich Schlag auf Schlag eine um die 50-jährige Dame, die einen langen Rock trägt und etwas, was ich für ein Barett halte, in Wirklichkeit ihre Haare von befremdlichem Volumen, zerzaust und fahlgelb gefärbt, und einen Mann, der auf einer Sackkarre eine ausgeweidete Waschmaschine vor sich herschiebt. Der Weg führt zu einem Platz, der vom Eingang zur Festung Yedikule überragt wird, dem Abschluss des ersten Mauersegments; hier beginnt ein recht banales Viertel, das auf einem architektonischen Raster des 19. Jahrhunderts wiederaufgebaut wurde, mit niedrigen Häusern von höchstens drei Stockwerken, darin einfaches Leben, recht unauffällig und, wie ich mir denke, eher angenehm. Durch ein monumentales Tor ganz aus Holz gelangt man in die Festung, die sich an die byzantinische Mauer schmiegt.

»Eintrittspreis 10 Piaster. Einer der Wächter zeigt den Turm mit den alten Gefängnissen; man gebe ihm ein Trinkgeld«, riet Mamboury. In einem dunklen Raum mehrere Personen, darunter zwei Frauen, beim Klang türkischen Technos aus einem Radio ins Gespräch vertieft. Ich muss darauf bestehen, dass sie mich meinen Eintrittspreis entrichten lassen. Im Hof zwei Männer auf Stühlen, ein paar Meter voneinander entfernt, sie tun nichts. (Ein anderes Mal bei einem Besuch früher am Tage sollte ich die Frauen aus dem Empfangsraum beim Auflesen von Kräutern – Heilkräutern? – antreffen und die Männer an derselben Stelle sitzend, auf denselben Stühlen.) Zu keinem Zeitpunkt muss ich erklären, dass ich keine Begleitung benötige. Der Festungshof ist kahl und weitläufig und auf der ganzen rechten Hälfte dem Unkraut überlassen; eine von einer metallenen Konstruktion überbaute Bühne steht an einer Mauer. Im Zentrum eines groben Erdteppichs steht der Schaft des Minaretts der alten Moschee.

Der Bau der Festung, einer Burg, die niemals einen Zwinger oder eine sonstige Bebauung umschloss, ist das Ergebnis einer türkisch-byzantinischen Koproduktion, die mehrere Jahrhunderte andauerte. Ursprünglich stand das berühmte Goldene Tor, ein alter dreibogiger Triumphbogen, völlig frei vor einer Zitadelle mit vier Türmen. Die *Porta Aurea* war den Ehrenzügen des Kaisers vorbehalten, wenn er von siegreichen Feldzügen heimkehrte. So zog etwa Theodosius im Triumph in die Stadt ein, die Stirn mit dem Siegeslorbeer bekränzt, auf einem von Elefanten gezogenen Wagen stehend. Nach ihm durften andere Kaiser, ein Papst, vatikanische Legaten (und sogar eine Christusikone aus Edessa) Konstantinopel durch dieses erhabene Tor betreten. Die zivilen, militärischen und religiösen Eliten, die Factiones des Hippodroms, die Blauen und die Grünen, schließlich das Volk, das sich bis an den heiligen Palast der Hagia Sophia drängte, jubelten dem Helden zu, der der Schwere der irdischen Dinge allein durch ihre Rufe enthoben schien. Das Goldene Tor war in der Architektur des Imaginären das Tor des Mysteriums und der Wandlung, und so blendete der, der unter seinen Bögen hindurchgehen durfte, das Herz derer, die sich drängten, ihm zu huldigen, und er gelangte so auf eine Ebene, die von unsereins abgehoben ist, ins Übermenschliche. Nicht mehr ganz Mensch, dem Göttlichen nahe, ohne es ganz zu erreichen. Heute, wo seine Bögen zugemauert sind, seine uralte Erhabenheit derart ignoriert wird, wo es deplatziert ist, von Erdbeben geschändet, und in die Stadtmauer eingebaut, konzentriert es auf seinen bleichen Steinen die gesamte unsichtbare Last, die die Mauer trägt, das Gewicht des Mythos[45] und das Gedächtnis ans Goldene Zeitalter. Der Schatten einer Wolke überfliegt das Tor und quert den Hof. Ich sehe darin den Schatten von der Standarte Saturns[46], die in einem ausgebesserten Stück Mauer steckt und im Passatwind flattert.

Wie schrieb Byron: »Ich habe die Ruinen von Athen, von Ephesus und Delphi gesehen. Ich bin durch einen großen Teil der Türkei, durch manches andere Stück von Europa, auch durch etliche Länder Asiens gekommen, aber nie sah ich ein Werk der Natur oder der Kunst, das einen Eindruck wie die Aussicht zu beiden Seiten der sieben Türme, bis zum äußersten Ende des Goldenen Horns, auf mich hervorgebracht hätte.«[47]

Eine schmale Steintreppe führt schwindelnd an der Festungsmauer hinauf und zum Wehrgang. Von der Spitze eines der byzantinischen Türme aus überblicke ich Istanbul, ohne irgendwo sein Ende abzusehen. Zwischen den beiden Mauern, auf dem alten Peribol, reckt sich der grüne Gürtel der Gemüsegärten, die wie Dominosteine aneinandergereiht sind, säuberlich und weich unter den Strahlen der tief stehenden Sonne; Bäche fließenden Wassers zeichnen Lichtstreifen zwischen die Parzellen; ein friedliches Völkchen gräbt die alte Erde um und bewässert sie, wo das Blut derer geflossen ist, die für die Mauer gefallen sind, die Waffen in der Hand; jenseits der Festung, etwas abseits, ein Spielplatz mit Schaukeln, Rutschen, die Ringautobahn, eine riesige unbebaute Fläche, mehrere Fußballfelder, und noch weiter hinten eine erste Reihe Hochhäuser und Wohnblöcke als Vorboten eines wahren Betondickichts – da breiten sich über mehrere zig Kilometer die Vorstädte aus. Zu meiner Linken ein vorüberfahrender Zug, die Straße zum Flughafen, der Autoverkehr, Werbeplakate (Opel und Ford) hoch oben an zwei Masten, der Spiegel des Marmarameeres und seine reglosen Schiffe und noch weiter links, ferner, in einem blauen Dunst, fast wie eine Luftspiegelung, die Prinzeninseln, die Hafenkräne und das asiatische Ufer. Zu meiner Rechten unterhalb der Mauer Straßen, Geschäfte, eine Waschanlage mit Hochdruckreiniger, die Werkstatt eines Autospenglers, leere Autohüllen auf seiner Straße, verschleierte Frauen, ein Mann mit einem breiten Korb auf dem Kopf, Pferdekarren, Kinder auf dem Fahrrad, Busse. Hinter mir die Hügel der Stadt und die langgezogenen Wogen der Häuser, der Dächer, wie Ähren die Minarette. Und im Himmel aufsteigende Flugzeuge; die doppelten, geradlinigen Schnörkel der Triebwerke. Mit dem Handy rufe ich N. in Paris an: »Wo bist du?«, fragt sie mich. »Auf dem höchsten Turm von Yedikule? Was siehst du?« »Die ganze Stadt, das ganze Meer, die ganze Erde …« Lauter Symmetrien, gegensätzliche Kräfte, Schwingungen zwischen zwei Extremen, verstricktes Chaos in diesem Höhenflug. Als hätten sich alle Menschenalter, seine Tiefen und Höhen, ein Stelldichein gegeben, alle zusammen, gleichzeitig, und alle gleichermaßen lebendig, Asien und Europa, Stirn an Stirn; als stützte sich die Welt auf diesen Schwerpunkt, der immer zerrissen ist, im Schweigen eines Stummfilms. Denn nichts, nicht ein Laut, weder ein Motorengeräusch noch eine menschliche Stimme, kein Klagen und kein Seufzen. Die Symphonie ist stumm. 15 Millionen Menschen[48] leben hier, sie arbeiten, lieben sich, streiten, sie haben Hunger, schwitzen, leiden, beten, weigern sich zu beten, sie schlafen und träumen, und ich sehe alles, was ihr Leben erzählt, ohne etwas zu hören.

Nach der Einnahme von Konstantinopel im Jahr 1453 errichtete Mehmed II. durch einen Anbau an die Mauer die siebentürmige Festung, in der er die Janitscharen stationierte, jene Elitesoldaten der osmanischen Armee, die Tag und Nacht auf den Mauern patrouillierten. Sie stellten die Leibwache des Sultans, wurden als

Infanteristen zur letzten Rettung in die Schlacht entsandt, und in den Palästen, die sie bewachten, zeigten sie sich von derartiger Unerschütterlichkeit, dass der fremde Beobachter sie aus der Ferne »wohl für eine Art türkische Mönche oder für irgendwelche Ordensleute« hätte halten mögen und sich »lange Zeit im Unklaren war, ob es Menschen seien oder Standbilder«[49]. Das Janitscharenkorps war in der Anfangszeit der *osmanlı*[50] gegründet worden, es umfasste im 15. Jahrhundert 5000 Mann und sollte mit bis zu 20 000 Mann unter Süleyman seine größte Blüte erleben. Die Janitscharen waren dem Zölibat unterworfen und wurden unter strikter Disziplin zum Kriegsdienst ausgebildet, und das in einer Weise, die dem Drill modernerer Kampfeinheiten recht nahe kommt. An Beinen und Schultern waren sie mit den Abzeichen ihrer Kompanien *(orta)* tätowiert; freilich konnten die Soldaten dieser »Fremdenlegion« auch die Straßen von Konstantinopel unsicher machen oder mit ihren Machenschaften das Geschick des Reiches umlenken, insbesondere in Zeiten der Thronnachfolge (im 19. Jahrhundert löste ein Sultan die Einheit schließlich auf). Ihr Symbol war der Kessel, um den sie sich einmal pro Tag für die einzige Mahlzeit versammelten. Wurde der Kessel umgestoßen, so war dies das Zeichen zur Meuterei. Wie die meisten Beamten, die Erbauer der Moscheen und die anderen Soldaten des Sultans waren die Janitscharen Sklaven[51], die durch eine »Knabenlese«[52] in den christlichen Provinzen, insbesondere auf dem Balkan, in frühester Kindheit »aufgesammelt« wurden. 1542 war das *esclavon* (die »Sklavensprache«), also die serbokroatische Sprache, einem französischen Reisenden zufolge im Palast »die häufigste und verbreitetste unter allen (…), zumal sie den Janitscharen gemein ist.«[53] Das *devşirme* war ein wirksames Mittel des sozialen Aufstiegs, denn dort zählte Verdienst mehr als Geburt. Unter Süleyman waren schließlich sämtliche Großwesire islamisierte christliche Sklaven. Übrigens forderten die Bosnier nach ihrem Übertritt zum Islam, weiter dem Gesetz der Knabenlese unterstellt zu bleiben. Die Janitscharen, so schreibt ein Baile von Venedig[54], genießen es, sagen zu können: »Ich bin ein Sklave des Gran Signor, denn sie wissen, dass es eine Sklavenrepublik ist, in der ihnen das Kommando zufällt.«[55] Das *devşirme* muss als osmanische Erfindung gelten, die »eine neue Truppe« hervorbrachte. Für den Sultan hatte es den Vorteil, die Vertreter einer türkisch-muslimischen Elite von seinen Palästen fernzuhalten, die die Osmanen als kleine Emporkömmlinge erachtete. Angewidert bezeichneten diese Türken aus dem *Establishment* »den Diwan (den Staatsrat des Sultans) schließlich als ›Sklavenmarkt‹«.[56] Der Roman dieser Schicksale von Menschen, die ihrer Familie und ihrer Heimat entrissen und einer immer ungewissen Zukunft bestimmt wurden, der Roman, der so eng mit dem Heldengedicht ihrer Herren verwoben war, die aus dem tiefsten Asien gekommen waren, verband sich mit seiner antiken Grundlage, der Erinnerung an dieses Volk, das schon damals, wie Zosimos sagt, »von überallher« kam, und mit dem Geist Griechenlands und Roms, der aus den Grabmälern atmet und aus den Denkmälern auf den grünen Ziegeln der Moscheen, die der Zerstörung entkommen sind.

Die Festung Yedikule diente auch als Staatsgefängnis. Diplomaten, Geiseln der Hohen Pforte, Schiffskapitäne, Malteserritter, Kaufleute logierten dort zu Hauf unter Zwang, und manchmal schien die Burg geradezu eine Erweiterung der Paläste von Pera zu sein. Manche Chroniken bezeichneten sie übrigens als »Botschafterturm«. Dabei waren die Kerker keineswegs den Ausländern vorbehalten. Während eines Janitscharenaufstands im Jahr 1622 wurde der Sultan Osman II. in dem kleinen Raum im südlichen Brückenportal erwürgt. Am nächsten Tag ereilte den Wesir, der diesen Mord verantwortet hatte, dasselbe Schicksal, und auch am selben Ort. Ich suche einen Turm, den alle alten Führer als »Turm der Inschriften« bezeichnen; dieser Name geht auf die Botschaften zurück, die in allen Sprachen (Lateinisch, Griechisch, Deutsch, Französisch usw.) auf die Wände graviert wurden. Der Boden ist mit einer soliden Lage Taubendreck bedeckt und die Mauern sind mit einer Speckschicht überzogen, die sie verstummen lässt. Sollte ich mich im Turm geirrt haben? Ich suche Rat bei Mamboury und lese, »die meisten Inschriften« seien »am Verblassen«, so etwa diese Transkription, die auf die Abschrift eines Mönchs zurückgeht und hier zitiert sei:

Häftling, der du in der Not
seufzest hier am düstern Ort,
bringe sie vor deinen Herrn,
und du trägst sie leicht und gern.

Vielleicht baut ein Immobilieninvestor die siebentürmige Festung demnächst in ein Hotel um. Ist nicht auch das ehemalige Gefängnis von Istanbul, nur einen Steinwurf von der Hagia Sophia entfernt, kürzlich in eine der Luxusabsteigen der Stadt verwandelt worden? Gestern Abend traf ich bei einem Essen den Direktor dieser Einrichtung. Er vertraute mir an, kürzlich habe ihn ein Gast mit ziemlichem Nachdruck zu sprechen verlangt. Er sah sich einem freundlichen Herrn gegenüber, der ihm vorschlug, ihn durch sein eigenes Hotel zu führen. Es handelte sich um einen einstigen Häftling, dem die Freiheit gut bekommen war. Er konnte es sich leisten, in einer Fünf-Sterne-Zelle zu logieren, Pol Roger in der Minibar und nach grünem Tee duftende Körperlotion im Bad. Von dem Four Seasons Hotel kannte der Exinsasse nicht nur die grundsätzliche Anlage der Korridore, der Zimmer und der Innenhöfe, sondern auch die Mysterien – Elend, Geheimnisse und Laster –, die in den Wänden hausten, gleich unter den Liedstrophen, die Häftlinge mit der Messerspitze in die Wände gekratzt hatten, und all diese Mauern waren jetzt mit Gemälden behängt, mit Kelims oder mit wertvollen Stoffen in osmanischer Manier.

In den noch immer in Betrieb befindlichen Gefängnissen der Stadt liefern sich politische Häftlinge, Mitglieder linksextremer Gruppierungen, Auseinandersetzungen mit der Polizei. Manche stehen im Hungerstreik bis in den Tod[57], um die Modernisierung der Strafvollzugsanstalten zu verhindern, die Europa von der türkischen Regierung fordert; sie wissen wohl, dass sie damit ihre Parallelgewalt über die geräumigen Schlafsäle einbüßen würden, die zwar alt und heruntergekommen sind, aber unter ihren Händen seit langem zu regelrechten befreiten Zonen innerhalb der Gefängnismauern wurden.

*

Der Weg von Yedikule nach Edirnekapı, also etwa viereinhalb Kilometer Mauer. Am Yedikule-Tor regelt ein Wachtposten die Durchfahrt der Autos, der Busse, der Pferdegespanne und der Fußgänger, mit Trillerpfeife und ausladenden Armbewegungen. In eine alte Uniformjacke mit Kupferknöpfen gezwängt, ist er Herr über die wechselnde Fahrtrichtung, dabei schwitzt er hinter seinem Vollbart aus allen Poren, um die beiden gegenläufigen Ströme anzutreiben und zu bändigen, die sich zu den Stoßzeiten durch diesen Straßenzweig drängen. Jedes Tor hat seinen – angeblich selbst ernannten – Wächter, meist ein altes Männchen, das sein Auskommen mit den Geldstücken verdient, die ihm die Taxifahrer zuwerfen. Wenn der Verkehr nachlässt, setzt er sich in einer Nische am Tor auf einen Stuhl und beobachtet von seinem Schattenplatz aus die Straße. Bei jedem Motorengeräusch schreckt er hoch, bereit, zur Tat zu schreiten, stets auf der Hut. Wahrscheinlich schlug schon in der Brust der alten Verteidiger dieser Tore dasselbe wackere Herz und gab ihnen ihre Tüchtigkeit. Der Weg – darauf ein riesiger parkender Tankwagen, der die schwarzen Parzellen der Gemüsegärtner mit Wasser versorgt – führt an der Mauer entlang, die an dieser Stelle renoviert ist, was ihr jeden Charakter raubt, allzu adrett steht sie da für ihr Alter, dann zweigt er recht schnell davon ab, um einen Hügel zu erklettern und ein flächiges, immer weiter werdendes Dreieck mit ihr zu bilden. Die Spitze dieses Geländes wurde kürzlich von den Schaufeln der Bulldozer eingeebnet, die das Erdreich bis an den Wegesrand geschoben und die Fahrspuren mit Mauerschutt aufgefüllt haben. Nach diesem Baugelände beginnt ein Brachland mit verkümmerter Vegetation. Ein paar Jungs spielen Fußball, verschleierte Frauen zerren Trauben von Kindern mit auf ihren Spaziergang, Pferde weiden silbriges Gras.

Die Straße bildet die Grenze zu einem alten Viertel mit Häusern aus Holz und Beton. Die Letzteren sind flacher, mit Böden aus gestampfter Erde und mit kleinen, zwei- bis dreistöckigen Wohnblöcken, die unregelmäßig gruppiert sind. In jede Lücke dieses Rahmens sind *Gecekondus* (wörtlich: »nachts hingestellt«) eingepasst – Behausungen, die aus Anatolien angereiste Bauern in größter Eile errichten, meist über Nacht und absolut illegal. Das Wuchern der Gecekondus hat manchmal zur Entstehung ganzer Viertel geführt, ohne dass dafür jemals eine behördliche oder gerichtliche Genehmigung erteilt wurde, und hat das Gesicht Istanbuls verändert. Zusammen mit den stets wachsenden Schrebergärten sind die Gecekondus Zeichen einer Aneignung des Stadtgeländes durch die Zugereisten, die die Istanbuler manchmal *köylü* nennen, also ungehobeltes Bauernvolk, wenn sie nicht ganz einfach von den »Türken« reden – das halb verkniffene Lächeln dabei muss noch genau das der Osmanlı sein, wenn sie die anatolischen Völker meinten. Diese Städter sind vollauf davon überzeugt, dass die Stadt es mit einer Armee von Invasoren zu tun hat. Manche behaupten gar, dass Istanbul zum ersten Mal in seiner Geschichte seinen Eroberern wirklich erlegen ist.

Die Leute vom Lande konnten die Stadt nie wirklich leiden, diesen Ort des (finanziellen, kulturellen, sexuellen) Austauschs und der Macht. Schon immer war das so, und überall. Immer wieder tönte das europäische Mittelalter vom Geheul der Bauernheere, die es auf die Städte abgesehen hatten, weil ihre Pracht und Mysterien sie ärgerten. In jüngerer Vergangenheit, während des Bosnienkrieges, hatte der ehemalige Bürgermeister von Belgrad, ein Architekt, die Belagerung Sarajewos als »Urbizid« bezeichnet (auch Sarajewo war eine kleine, kosmopolitische Hauptstadt, die den serbischen Truppen von oft bäuerlicher Herkunft zum Opfer fiel). Die Invasion Istanbuls durch türkische Bauern erleben die alten Städter (egal welcher Konfession) als letztes Kapitel dieses tausendjährigen Krieges. »In ein paar Stunden stellen sie ihre Hütten hin«, empören sie sich, »ruckzuck, eine Moschee!« An die Adresse dieser »Rührseligen« geht dann der Vorwurf, sie stellten sich gegen den Lauf der Zeit. Sogar das große Wort wird geschwenkt: Nostalgie. Nicht ganz unberechtigt müssen sie sich ins Gedächtnis rufen lassen[58], dass Istanbul zu allen Zeiten eine gefräßige Stadt war, eine Art orientalisches New York, das Menschen aus aller Herren Länder »verdauen« konnte, ob sie wollten oder nicht, und sie im Handumdrehen zu Städtern machte. Und doch höre ich aus dem Lamento der Istanbuler einen echten Schmerz heraus. Was sie an ihrer verlorenen

Heimat vermissen, ist das ideale Spiegelbild der Welt, das tagtäglich frei Haus geliefert wurde. Völker, Trachten, Gebräuche, Religionen, immer vermischt bis zur Raserei, um eine Einheit zu bilden, die den Einzelnen überstieg. Am Fuß der Mauern lebte eine Kultur. Der muslimische Halbmond hatte den der Hekate nicht ganz überdeckt, unter der osmanischen *tuğra*[59] ließ sich das konstantinische Christusmonogramm entziffern, die Muezzins hatten den Glockenklöppel nicht ganz kastriert. Die Stadt ist noch immer schön, sagen diese verwitweten Städter, aber die Schönheit verkörpert nichts mehr. Keinen großartigen Traum – »Der Sitz des Römischen Reiches ist Konstantinopel. (...) Du bist also der legitime Imperator Roms. (...) Wer römischer Imperator ist und bleibt, ist auch der Herrscher über die ganze Welt«, sagte 1466 Georg von Trapezunt zu Mehmed dem Eroberer. Keine inneren Reichtümer, keine Stein gewordene Harmonie. Nur noch die mächtigen Bataillone eines ungeschliffenen Islams, der vom »Konsum amerikanischer Art«[60] fasziniert ist. Ich könnte ihre Litaneien fortsetzen: keine Weltstadt mehr, nur noch eine globalisierte Megacity. Keine Urbanität mehr, nur noch bis an die Füße verschleierte Frauen, überall ohrenbetäubende *world music* und Verschmutzung, Erinnerung und Gedenken auf dem Abstellgleis, aber ein Auto für alle. Ich könnte ihnen auch sagen, dass diese Erniedrigung auf alle Großstädte der Welt lauert, doch die Feststellung wäre niemandem ein Trost.

Ein öffentlicher Park unter den bunten Würfeln der Wohnblöcke, recht hübsch hergerichtet, mit Holzgeräten, einem Minizoo, und alle Tiere des anatolischen Bauernhofs für Kinder erklärt, Perlhuhn, Henne usw.; viele Käfige sind verschlossen und leer (haben ihre Bewohner vielleicht als Grillspieße geendet oder nach tscherkessischer Art gekocht und mit Walnussreis gefüllt?), noch ein Brachland, verkrüppelte Bäume, hohes Gras, Stümpfe blauer Felsen (eigentlich Müllsäcke), eine Eishalle, zwei Obdachlose mit weißen Bärten, die gleichzeitig in ihre Handys reden, nebeneinander auf derselben Bank (ob es Attrappen sind?), Frauen (etwa zehn) unter weißen Neonröhren an Nähmaschinen arbeitend, nur ein kurzer Blick auf sie durch das Oberlicht eines Kellerraums, Schulmädchen in blauen Uniformen oder kleine, abgerissene Bettelmädchen beim Hüpfspiel, dieselben Gesichter, kleine Fußballfelder mit dem künstlichen Hartboden von Tennisplätzen, diese monochromen grünen Farbkompositionen, noch mehr Gemüsegärten: das notiere ich in mein Heft, während ich die gepflasterte Straße hinaufgehe, die vom Belgrader Tor zum Silivri-Tor führt.

Im Stadtgewebe sind noch einzelne Blöcke Holzhäuser übrig, manche ganz wackelig oder unglaublich geneigt, mit Plastik und Sperrholzplatten geflickt und von Pfosten gestützt, die ihnen als Krücken dienen, alles in größter Unordnung zusammengewürfelt, aber immer sorgfältig ausgearbeitet, mit hervorspringenden Etagen, Erkern, umrankten Fenstern, Verzierungen, und das alles in einem Knäuel von Sackgassen, Puppengärten, Privatsträßchen, wilden Müllhalden. Wenn man sie ansieht und dazu die bäuerlichen Brachen am Fuß der Mauer als Lichtungen im Stadtgewebe, dann kann man sich vorstellen, wie die Stadt nach der osmanischen Eroberung aussah: ein improvisiertes, lebenswertes Chaos. »Die Privathäuser waren genauso wenig geradlinig angeordnet wie die Grabsteine, die verstreut auf den Friedhöfen lagen.«[61] Die Osmanen hatten den Stein, seine Härte und seinen Reichtum, der Macht und dem Gebet vorbehalten. Das Holz aus den rumänischen Wäldern, das so weich, leicht zu verarbeiten und billig war, diente zum Bau dieser Bienenstöcke für Tausende Familien, schnell-schnell hingestellt, und dort gärte das Leben, dort aß und schlief man in einem einzigen Raum, indem man nur die Kissen verschob, wie Streichholzschachteln loderten sie bei jedem Brand, überstanden aber besser als der Stein die Stöße der Erdbeben.

An der byzantinischen Mauer sieht man in dem Segment bis zum Mevlana-Tor die Stigmata, die auf die unterirdischen Bewegungen der tektonischen Platten zurückgehen. Wer ihr auf ihrer ganzen Länge folgt, blättert in den Seiten eines Katalogs alles dessen, was die Stadt erlitten hat. Rissige Türme wie alte, angeschlagene Kaffeekannen, die schräg zur Mauer stehen oder in sich zusammengestürzt sind, in der Mauer selbst eingestürzte Bögen, weggerissene Zinnen, Aushöhlungen, Breschen, durch die der Verkehrsstrom auf der Ringautobahn sichtbar wird, vom Regen gegrabene Rinnen, halb im Boden der Gräben versunkene Steine. Der Krieg des Teppichs, der unter den Fundamenten der Stadt hin und her gezerrt wird, nimmt kein Ende. In 15 Jahrhunderten über 40 bedeutende Erdstöße. Zur Erinnerung: 358 wurde der Bischof von Nikodemien unter seinem Haus verschüttet; 869 bebte Konstantinopel 40 Tage und 40 Nächte; 1592 lösten sich die Kuppeln der Fatih-Moschee von den Dächern; 1718 befiel die Türme von Yedikule der Schüttelfrost. Alle Türken erinnern sich noch an das Erdbeben von Izmit im Jahr 1999. Innerhalb von 37 Sekunden kamen 18 000 Menschen ums Leben, und 50 000 Gebäude wurden zerstört. An jenem Tag bebte Istanbul, die Bewohner flohen aus ihren Häusern, sie schliefen in den Parks, in Teppiche gerollt, oder in ihren Autos. In den Monaten danach stach ein französisches Schiff in See, die *Suroît*, an Bord französische und türkische Seismologen unter der Leitung von Xavier Le Pichon, Professor am Collège de France. Die *Suroît* schleppte auf 7,5 Meter Wassertiefe ein Sonargerät, mit dessen Hilfe sich eine recht detaillierte Karte des Meeresbodens zeichnen und das Zickzack der nordanatolischen Spalte verfolgen ließ, die die Türkei von Osten nach Westen durchteilt; bei jedem Bruch dieser Spalte bebt die Erde. Ließen sich, wenn man die Karten vom Meeresgrund und den Verlauf der theodosianischen Mauer übereinanderlegte, Zusammenhänge zwischen den Breschen in der Spalte und den Narben der Mauer herstellen – vielleicht ja. Die wissenschaftliche Forschung, die alles in allem keine gerade beruhigenden Vorhersagen trifft, hat eine kritische Zone im Marmarameer lokalisiert, etwa 30 Kilometer südlich von Istanbul. Das bedeutet, dass die Gefahr näher kommt und dass die Prinzeninseln an vorderster Front stehen. Die Einwohner der Stadt haben sich an das Leben mit dieser unterschwelligen Angst gewöhnt (manche Hausbesitzer auf den Inseln haben ihre Häuser verkauft), sie lassen sich nichts anmerken. Man ahnt die Sorge in den flüchtig gewechselten Blicken oder an der Verlangsamung der Unterhaltung, es braucht nur ein Licht zu flackern, ein heftiger Luftzug eine Lampe ins Schwingen zu bringen. Seltsam, dieses Auge der Welt in einer instabilen Höhle und dieses Ineinanderschieben zweier gegenläufiger Kräfte, der Menschen als Erbauer und der sich öffnenden Erde.

Die Nacht, die sich über die Ruinen breitet, bringt eine Ruhe, in der sich alle Befürchtungen auflösen – oder in der andere aufkommen, banalere. Feuer werden entzündet, Herumtreiber rufen sich von einer Nische zur anderen, die Mauer erwacht. Man muss über die Hauptstraße, die in die Altstadt führt, und zwischen den Scheinwerfern hindurchlaufen, die aus der Schneise von Topkapı her kommen. Das gleichnamige Tor, auch Kanonentor genannt, liegt ein paar Hundert Meter weiter. Morgen …

*

Es ist Morgen, und die Glocken von Saint-Louis-des-Français schlagen in vollem Geläut, als ich Pera verlasse und mich wieder nach Topkapı aufmache, auf einen kleinen Platz gleich vor dem Tor, der sich weit öffnet auf ein luftiges Viertel mit einem Netz von Passagen und ruhigen Straßen, in denen kühler Schatten herrscht, und von dem eine Allee ihren Ausgang nimmt, die die alte Stadt erschließt. Diesen Platz, den die Mauer abschließt, umsteht eine ganze Reihe kleiner Hotels, Yaruz, Hayat, Sürücü, Özvural, alle ohne großes Prestige, sondern von angenehmer Schlichtheit, zumindest äußerlich; die meisten haben kleine Innenhöfe mit Pergolen und Laubengängen, wo die abreisenden Männer auf Plastikstühlen sitzen und zwischen bunten Gepäckhaufen frühstücken, Unmengen von Taschen und Koffern, mit dickem Klebeband umwickelt und mit Schnüren verknotet. Die Tische der *kebapçi* (Fastfood auf Türkisch) und der unzähligen Cafés borden auf die Gehsteige des Platzes über; in jedem dieser Etablissements sitzen die Leute schon beim Spiel, Karten oder Domino. Ein paar Einzelgänger studieren die Zeitung auf den Bänken, die im Quadrat um jeden Baumstamm stehen. Hier lässt sich gut aufhalten und ein wenig Kraft schöpfen, wenn man vor der Fahrt ins Heimatdorf steht oder in die Großstadt muss an einem Morgen wie diesem, der so ruhig ist, kein Wind, kein Geräusch, nur das fröhliche Zwitschern der Schwalben in der leichten Frühlingsluft. Die Sonne brennt auf die Mauer, wäscht ihr die nächtlichen Schatten ab und lässt sie mit der volkstümlichen Stimmung des Viertels verschmelzen. Mehrere Busse und ein paar Sammeltaxis *(dolmuş)* parken eines nach dem anderen in einer Ecke des Platzes, die für sie reserviert ist, ein Parkplatz von übersichtlicher Größe mit vielen Telefonzellen. Mehrere Minarette überragen diese Stadtlandschaft. Kein großer *khan*[62] ohne Moschee, keine Ankunft und keine Abreise ohne ein paar Gebete an den Allerhöchsten.

Das restaurierte Tor ist für den Autoverkehr gesperrt, nicht aber für die Karren auf drei luftbereiften Rädern, die mit Menschenkraft gezogen werden; zwei dieser Gefährte streiten gerade um die Durchfahrt, als ich ankomme. Sie dienen fahrenden Händlern als Lagerraum und als Wanderläden für ihre kuriosen Auslagen: Kassetten, Handys, ganze Posten französischer Markengürtel, lauter Ware, die wahrscheinlich ihre gemeinsame zweifelhafte Bezugsquelle hier vereint hat, Raubkopie, Diebstahl und Fälschung. Unter dem Torbogen verkauft ein Mann die Schuhe, die er hinter sich aufgereiht hat, Absatz nach unten, an die Mauer gelehnt. Richelieus, Mokassins, Derbys, Stiefeletten, mit Schnallen oder Schnürung, alle spitz zulaufend und in das gleiche plastifizierte Kunstleder vom schönsten glänzenden Schwarz geschustert. Auf der Rückseite des Tores, außerhalb der Mauern, zwei Händler für Tabak und Pfeifen. Der mehr oder weniger blonde Tabak wird den Augen und Nasen der Passanten in durchsichtigen Plastiktüten feilgehalten, die zwischen Zigarilloschachteln stehen. Gegenüber noch ein paar Schuhspezialisten hinter ihren dreigeschossigen Auslagen auf Rädern. In gewissem Sinne der Kundendienst des vorigen »Geschäfts«. Sie sind gleichzeitig Schnellschuster, Sohlenverkäufer und Schuhputzer. Die Ankunft eines Mannes, der auf der anderen Seite des Durchgangs seine »Kaffeekarre« aufstellt, lässt einen von ihnen plötzlich ganz nervös werden. Zuerst murrt er nur, dann werfen die beiden sich ganz schnell Beleidigungen an den Kopf. Der Kaffeeverkäufer stürzt sich auf den Sohlenverkäufer, wirft seinen Wagen um und steht im Handumdrehen Stirn an Stirn mit dem Mann, den er so angegriffen hat. Beide sind sie über 60, schlecht rasiert, in zerschlissenen Kleidern, recht beleibt, beinahe korpulent, aber noch unglaublich wendig und kräftig. Das Handgemenge dauert nur ein paar Sekunden. Die Fäuste kommen zum Einsatz, eine Augenbraue wird getroffen, eine Nase blutet, die Wut wallt noch höher, sie rollen wie aneinandergekettet über das Pflaster und verteilen Fußtritte, versuchen sich gegenseitig zu erwürgen. Fünf oder sechs ihrer Gefährten sind nötig, um sie zu trennen. Der Schuster stellt seinen kleinen Wagen wieder auf, sammelt seine Schuhcremedosen ein, seine Packen Sohlen, wischt sich mit einem Taschentuch das Blut aus dem Gesicht und geht davon, nicht ohne ein paar Beleidigungen vor sich hinzumurmeln, die, aus der Entfernung, sofort mit Worten und ausgestreckten Armen beantwortet werden, bevor er im Kanonentor verschwindet.

Das Topkapı- oder Kanonentor, einstmals Romanos-Tor, war ein militärisch genutztes Tor und der Garnison vorbehalten. In Kriegszeiten führte es zu den äußeren Verschanzungen und Vorwerken. In Friedenszeiten standen andere Tore, die so genannten Bürgertore, offen und erlaubten den Austausch mit dem Hinterland. Genau vor diesem Tor hatte auf einer Wiese Mehmed II. sein Zelt aufgestellt, als er am 6. April 1453 die Stadt erreichte, dazu eine riesige bronzene Kanone, die von 60 Ochsen gezogen wurde und dem Tor seinen Namen verlieh.

Der osmanische Heeresführer hatte Byzanz zunächst durch die Schließung von Separatfrieden mit Genua und Venedig isoliert und sich damit das Stillschweigen des christlichen Europas gesichert. Mehmed fehlte es auch nicht an militärischen Trümpfen. Modernste Waffen, kolossale Kanonen, zahlenmäßige Überlegenheit (sechs gegen einen), und vor allem einen ungestillten Siegeshunger. Seit Langem schon träumten die osmanischen Sultane vom Thron der Cäsaren, und wenn »Konstantinopel die Stadt war, die die Welt begehrte«, wie ein Byzantiner geschrieben hatte, so begehrte Mehmed sie noch mehr als alle anderen.

Konstantinopel erzählte die fast märchenhafte Geschichte einer nie unterbrochenen Herrschaft, 92 Kaiser, die einander über die Jahrhunderte hinweg in erhabener Monotonie die Hand reichten. Ihr Zepter, der an die Unendlichkeit zu rühren schien, hatte den Ruhm der größten Stadt Europas gemehrt und ihre spirituelle Vorherrschaft gestützt. Die Kehrseite dieser Unbeweglichkeit war der Zwang zur Erfindungsgabe, die die Byzantiner hatten unter Beweis stellen müssen, um ihre Mauern zu schützen[63]. Vielleicht hatten sie sich auch daran gewöhnt, in einem gewissen Höchstmaß zu leben, eine stetige Gratwanderung (der Grat war die Mauer) zwischen Apotheose und Weltuntergang[64]. Immer waren die Angriffswellen regelmäßig aufeinander gefolgt. Die Slawen (im 6. Jahrhundert), die Perser (im 7.), die Araber (im 7. und 8.), die Bulgaren (im 9. und 10.), die Russen (viermal, zwischen Ende des 9. und Mitte des 11. Jahrhunderts) – alle waren gescheitert. 1204 war Konstantinopel freilich unterlegen. Der Fall der Stadt hatte einen enormen Schock bedeutet. Es war das erste Mal, und die Eroberer waren Kreuzritter. Oder eher ein zweckentfremdeter Kreuzzug, von schismatischen Auseinandersetzungen gefördert (es ging um die Frage des *filioque:* War Gott allein der Vater? Der Vater und der Sohn? *Filioque,* hatte Nizäa entschieden) und durch die Kungeleien der venezianischen Seemacht erleichtert[65]. Nicht zum ersten Mal ging ein Kräftemessen zwischen Ost- und Westkirche übel aus. Es hatte bereits einige Massaker gegeben, ein andächtig gesungenes *Te Deum,* als das Haupt eines päpstlichen Legaten, vom Körper abgetrennt und an einen Hundeschwanz gebunden, unter lautem Gejohle durch die Stadt geschleift worden war, doch die Untaten nach dem Fall der Stadt überstiegen das gewöhnliche Maß an Kriegsgräueln: Verbrechen im großen Stil, Plünderung der heiligen Stätten, Zerstörung der über neun Jahrhunderte hinweg angesammelten Schätze (alles Gewalttaten, die im Namen Christi und des heiligen Kreuzes begangen wurden, sie gehen über jede Vorstellung, zeigen, wie teuflisch das Leben sein kann, und reden Klartext über familieninterne Streitereien: Unter Brüdern, unter Eheleuten, unter Eltern und Kindern wütet der Hass am schlimmsten). Doch es sollte noch schlimmer kommen. Obwohl die Byzantiner 1261 zurückkehrten, war dieser Fall der Anfang vom Ende. Nur der Reliquienhandel blühte nach dieser Katastrophe.

Beim Verlassen des Kanonentors sei bezüglich dieser furchtbaren Jahre an das Staunen des aus der Champagne stammenden

Chronisten Geoffroy de Villehardouin und seiner Kreuzzugsgefährten erinnert, als sie im Jahr 1203 vor Konstantinopel standen und »diese hohen Mauern und diese mächtigen Türme sahen, von denen sie umschlossen war; und diese überaus prächtigen Paläste und die hohen Kirchen, von denen es so viele gab, dass niemand es glauben kann, der es nicht mit seinen eigenen Augen gesehen hat; und die Länge und die Breite der Stadt, die Königin aller anderen Städte ist«[66].

Hinter dem Kanonentor erstreckt sich eine kleine Straße: links die Mauer, die oft in üblem Zustand oder zwischen zwei Türmen gar ganz eingestürzt ist – diesem Abschnitt galt die heftigste osmanische Offensive –, rechts verschiedene Wohnungen. Eine Kirche hinter hohen Mauern, mit einem Dachreiter auf einem alten Portalvorbau und einer türkischen Flagge über den Nebengebäuden, deren Rückseite auf die Fenster des Hotels Sürücü hinausgehen. Eine ganz besonders schmutzige Autowerkstatt. Noch eine Kirche, derselbe Dachreiter, dieselben Nebengebäude, aber eine mit einem Gitter versperrte Tür, dann Holzhäuser und die Lagerhallen einer Tischlerei. Kein Verkehr auf dieser alten Hauptstraße zwischen Topkapı und dem U-Bahnhof Ulubatlı, nur ein Kartoffel- und Zwiebelverkäufer, der mit seinem Pferd vor jeder Haustür hält. Die Kundinnen brauchen nur einen Schritt aus ihrer Küche herauszutreten, nicht einmal den Gehsteig zu verlassen, er ist hoch genug, dass sie mit vollen Händen direkt in die Körbe hinten auf dem Karren greifen können. Die Straße mündet in eine abgesenkte Autobahn (eine sechsspurige Ausfallstraße). Eine abschüssige Brache und ein modernes Hotel von eindrücklichen Ausmaßen haben die alten Häuser aus dem 19. Jahrhundert ersetzt. Ohne Atempause rasen Autos vorbei, sie kommen vom Goldenen Horn oder über den Ring vom Marmarameer. Auch keine Fußgänger, gerade einmal zwei alte Frauen, die kräftig ausschreiten. Ein gelber Teppich, aufgerollt und auf den Rücken gebunden, Plastiktüten in der Hand, ein blaues Tuch um den Kopf, der ihre Ohren mit goldenen Ringen frei lässt, zwei bunte, in der Taille eng geschnittene Kleider, die bis an die Knöchel herabreichen, Pantoffeln aus Kunstleder, hellblau und weiß geringelte Socken, zwei fast unsichtbare Näschen zwischen den Wangen, die wie verschrumpelte Äpfel aussehen, und bei einer von ihnen ein Mund mit nur einem einzigen Zahn. (Ich kann sie aus der Nähe mustern, denn sie fragen mich nach Auskünften, die ich ihnen nicht liefern kann.) Sie wirken orientierungslos, stapfen in einer Richtung an der Straße entlang, dann in der anderen, dann sind sie ihr Herumirren leid und halten zwei Busse an, die sie nach langen Diskussionen schließlich nicht besteigen, bevor sie sich auf den Gehsteig setzen und die Zigaretten rauchen, die ihnen einer der Fahrer gegeben hat. Auf der anderen Seite der Straße wird die Straße zum Edirne-Tor hin belebter. Nach einer freien Fläche – ein Busparkplatz – beginnt ein Viertel mit Gecekondus. Immer der gleiche Eindruck von Improvisation in der Armut. Das Lässige des Zelts, doch ohne die Pracht der Stoffbahnen und die Eleganz der primitiven Formen. Ein Durcheinander von Materialien, Zement und blaues Blech, gestampfte Erde, Häuser und Räume ohne jede Höhe. Eine blonde Frau, die aus ihrem Haus tritt, muss auf der Schwelle den Kopf einziehen, weil ihre Absätze zu hoch sind. Sie raucht, wartet auf jemand, der nicht kommt, geht noch einmal hinein, kommt wieder heraus und spuckt aus, wobei sie ihre Haare mit der Hand zur Seite streicht, die die Zigarette hält. Ein Mann füllt an einem Wasserhahn in der Mauer Plastikkanister. Langsam rollt ein Polizeiauto vorbei, die Scheiben heruntergekurbelt. Der immer steilere Anstieg führt zu einer Moschee, dann zu einem neu renovierten Turm. Ein paar Stufen, eine Art Passstraße, die zwischen zwei im Bau befindlichen Türmen in die Stadt dringt, das ist Edirnekapı, der höchste Punkt der Stadt (78 Meter) und der schwächste der Mauer, hier erreichte Mehmed II. (auf türkisch Fatih, der Eroberer) am 29. Mai 1453 auf einem weißen Pferd sitzend Konstantinopel, 20 Jahre war er alt.

»An der Haupttüre der Sophienkirche stieg er vom Pferde und ging in den Dom; und seine eifersüchtige Achtung für dieses Monument seines Ruhms war so groß, dass er einen eifrigen Muselmann, der den marmornen Fußboden aufbrach, mit seinem Säbel erinnerte, wie er zwar Beute und Gefangene den Soldaten bewilligt, öffentliche und Privatgebäude aber den Fürsten vorbehalten habe.

Aus seinem Befehl ward die erste der morgenländischen Kirchen zur Moschee umgewandelt. (…) Am nämlichen Morgen, oder am folgenden Freitag, stieg der Muezzin oder Ausrufer auf die höchste Spitze, und rief die Ezan oder öffentliche Einladung im Namen Gottes und seines Propheten aus; der Imam predigte, und Mohammed der Zweite verrichtete das Nemas im Gebet und Dank am Hochaltar, wo der Letzte der Cäsarn vor so kurzer Zeit die christlichen Mysterien begangen hatte. Von der Sophienkirche begab er sich in die erhabene, doch verödete Wohnung von 100 Nachfolgern des großen Konstantins, die aber wenige Stunden ihrer Kaiserpracht beraubt hatten. Eine traurige Betrachtung über den Wechsel der menschlichen Größe drängte sich seinem Geiste auf; und er wiederholte ein zierliches Distichon persischer Dichtkunst: ›In dem Kaiserpalast wob sich die Spinn' ihr Gewebe; / Und den Wachgesang krächzt von Afrasibs Türmen die Eule.‹«[67]

Hinter Topkapı, das weiß ich, brauche ich nur noch irgendwie zum Goldenen Horn hinunterzugelangen. Die Stadt treibt unsichtbar im Morgenlicht; nur vereinzelt ragen senkrechte Auswüchse von Bäumen und ein paar Gebäuden heraus, weit weg im Norden. Die Autos stürzen sich durch das Straßenloch. Es wird allmählich warm, die Luft vibriert, es ist der Morgen eines gewöhnlichen, erhabenen Tages. Ich sehe diese Stadt nicht, aber ich höre sie. Heulende Hupen, kreischende Reifen, der heisere Singsang eines Muezzins, die Bässe aus einem Radio; drüben das Schweigen der Gräber auf unzugänglichen kleinen Friedhöfen, steil abfallend wie Weinberge, die den Schaufeln der Bulldozer entkommen sind, jetzt sind sie umgeben von den Schleifen in der Schönschrift des Asphalts. Ich höre das alte, beruhigende Brausen einer Stadt, die lebt, die atmet, die erwacht oder zu Bett geht, denn es ist Sonntag. Da ist noch ein sanftes, wiederholtes Geräusch, das nicht müde wird noch müde macht, das *kum-ru-lu* einer Taube auf dem Dach der Ayios-Yeorgios-Kirche von Edirnekapı, deren Turm sich in den unauffälligen Rosenkranz von Kirchen und Kreuzen fügt, den der Mauerbogen aufrollt.

*

Dunklere Mauern, an Ringen darin ausgemergelte Pferde, die auf dem Staub weiden, eine abschüssige Straße, vom Regen ausgewaschen und von ein paar Behausungen gesäumt, in denen die Männer mit ihren Tieren wohnen (und ihre Frauen auf dem Bordstein), ein schwarzes Rinnsal vor den Häusern, ein Mann mit einem Kettenkarussell auf dem Rücken (vier Sitze, die an einem Pfosten hängen), und Trauben von Frauen mitten auf der Straße, alle Generationen vermischt, mit Zigeunerkleidern, die sich bunt vom Grau des Steins und des Bodens abheben: Wer an der Mauer entlang in das Roma-Viertel Sulukule vordringt, fühlt sich, als beträte er einen Stich der Reiseromantik. Sonne, Armut, noch immer mächtig emporragende Ruinen, das alles in der Farbe der Asche. Doch die Behausungen starren von Fernsehantennen, eine solide Lage Müllbeutel dichtet den unteren Teil der Mauer ab, Kinder spielen mit der Aluhalterung einer Gaslaterne Fußball, und der Passant verlässt schnellstens den Stich, um in seine Gegenwart zurückzukehren. Witwen nutzen das, um ihn am Ärmel zu zupfen und ihm ihre Kollektion von Lolitas anzubieten, hübsche Gesichtchen, gerade Züge, schwarzes, mit Tüchern zurückgebundenes Haar und geschnürte Tops, die sich augenblicklich über Brüsten von kühlem Bernstein auftun. Die Istanbuler verziehen das Gesicht, wenn man sie auf Sulukule anspricht, eine wahre Mördergrube, sagen sie. Ein paar mutige Draufgänger wagen sich abends trotzdem hin, um die Fetzen fliegen zu lassen, nachdem sie ausführlich die Preise für Mädchen und Musikanten ausgehandelt haben, die aber doch nie wirklich eingehalten werden. Das Viertel wird, zumindest äußerlich, ruhiger, sobald man sich von der Mauer entfernt. Muezzins, Cafés, Lauben, Kartentische im Schatten, alte Männer am Grill, die Gebetskette in der Hand, spielende Kinder. Ertan hockt auf einer Zementplatte, in der Hand eine Bierdose, etwas abseits vom trägen Treiben der Straße. Er ist allein, weder lustig noch traurig, nur freundlich. »Ich bin hier in Sulukule geboren, wie meine Eltern und meine Großeltern, bin natürlich Muslim und spiele Klarinette. Wie meine Vorfahren und wie meine Söhne. Wir führen unsere Tradition fort, aber die des Viertels geht gerade verloren. Sulukule liegt im Sterben, um des Geldes willen.

Ich spiele praktisch bloß noch für Touristen. Unter uns feiern wir immer weniger. Auch mit den Mädchen ist es anders, man verhandelt ihren Preis, man zahlt, man verhandelt den Preis für das Zimmer, man zahlt und so weiter, das heißt, man macht nicht sehr viel mehr, als zu verhandeln und zu zahlen. Natürlich trinke ich weiter, mache Musik, aber immer für die anderen, von irgendetwas muss ich ja leben …« Vom Minarett einer kleinen nahe gelegenen Moschee dringt der Gebetsruf auf Sulukule herab. Ertan lächelt, zwinkert mit seinen lustig-traurigen Augen. Er schließt: »Und indem ich meinen Lebensunterhalt verdiene, diene ich auch meinem Gott …«

*

Eine Straße führt an der Mauer entlang bis zum Blachernen-Palast. Viele kleine Häuser, Schuppen, Werkstätten in ziemlich gutem Zustand stehen in friedlicher Ordnung, manchmal tragen sie Nummern, alle sehen sie nach legaler Besetzung aus, jedenfalls wenn die Vorhängeschlösser an den Türen von ihren Besitzern stammen. Hier an der Mauer treffen sich die beiden Viertel Kariye und Balat zum Sterben. Vom Edirne-Tor aus ist man schnell an der Kariye Camii, der einstigen Chora-Kirche. Etwa ein halbes Jahrhundert nach der Eroberung der Stadt 1453 wurde die Kirche von einem Großwesir in eine Moschee umgewandelt. Den Namen dieses Eunuchen lohnt es zu behalten: Atık Ali Paşa, denn er rettete die Fresken und Mosaiken. Reliquien im Schillern von Nacht, von Blut und von Gold, die reinste Ausdrucksform des byzantinischen Genies. Sein Indian Summer, »Höhepunkt und Meisterwerk der Palaiologischen Renaissance«[68], formuliert Yerasimos.

Über die Bedeutung von »Chora« scheiden sich die Geister der Gelehrten. Muss man das Wort als die erhabenste Sphäre der spirituellen Sphäre verstehen? Oder entspricht es dem Ausdruck *vor den Mauern* oder aber der Vokabel *Land* (die in türkischer Zeit dann zu *kariye,* »Dorf«, wurde)? Alle Seiten stützen ihre Überlegungen auf mehrere Widmungsinschriften in griechischer Sprache. Die einen erwähnen im Zusammenhang mit Christusdarstellungen das *Land der Lebenden*[69]. Andere unter dem Antlitz Mariä das *Land des*

Unendlichen[70]. Immerhin gibt es zwei Gewissheiten. Der Künstler drückt sich auf Griechisch aus. Byzanz war ein römisches Reich, dessen Bürger die Sprache des Aristoteles[71] und des Urevangeliums sprachen. Und war damit, fern zwar von dessen über den alten Dichtern sinnenden Städten, Griechenlands aus sich selbst heraus generierte Nachfolge mit zwei Nabeln auf dem orientalischen Leib: Alexandria, dann Byzanz.

Noch eine Bemerkung zu dem *vor den Mauern:* Es scheint erwiesen zu sein, dass das erste Gotteshaus auf die Zeit vor der Errichtung der theodosianischen Mauer zurückgeht. Als es in den militärischen Bezirk der Stadt integriert wurde, wurde es zur Basilika umgebaut. Die Byzantiner bargen in diesen Mauern eine Marienikone, die sich bereits gegen die Russen und die Bulgaren als wirksam erwiesen hatte. 1453 scheiterte sie an ihrem Auftrag und ließ die Osmanen ein, die sie zerstörten. Die Basilika und ihre Schätze, die nur durch die Risse im Putz sichtbar waren, gerieten bis ans Ende des 18. Jahrhunderts in Vergessenheit. Zum ersten Mal freigelegt wurden sie 1876. Nach ihrer Restaurierung kann sie nun jedermann bewundern.

Ikonen. Mosaiken. San Marco ist nicht sehr weit.

Maria, die mit ausgestreckten Armen für die Menschen bittet, ihrem Sohn zugewandt. Christus, der Adam und Eva aus ihren Gräbern holt. Es sieht aus, als sagte er: »Hopp hopp, raus mit euch, aber schnell!«

Klimatisierte Busse, die von ihren Fahrern nicht ohne Mühe durch die engen Gassen des Viertels chauffiert werden (sie müssen an gefährlich engen Stellen wenden), setzen am Portal der Kariye Camii Heerscharen von Touristen aus allen europäischen Ländern ab. Bei meinem letzten Aufenthalt versperren die französischen Passagiere zweier riesiger Busse praktisch den Eingang zur Vorhalle. Dass sie so zahlreich sind, ist leider das geringere Übel gegenüber der Fülle und der Überschwänglichkeit ihrer Kommentare, einer dümmer und derber als der andere, die sie lauthals abgeben und mit Grimassen und lautem Gelächter begleiten. Darf man die Stille der Kariye Camii vermissen, diese Finsternis, in der sie so lange geschlafen hatte?

Unterhalb der Chora-Kirche führen Gassen und Treppenstufen hinunter Richtung Goldenes Horn, das man zwischen den Häusern hindurch sehen kann, wie erloschen unter einem allzu weißen Licht.

Die Ikone, eine Konstantinopler Erfindung[72]. Römischer Einfluss, ägyptische Inspiration (die Fajumporträts, die sich an Mumien angebracht fanden), Herstellung in Byzanz, russisches Exil an den Wänden der Moskauer Kirchen und Paläste, dieser Stadt, die ein Abt aus Pskow, ein gewisser Filofei, als Drittes Rom bezeichnete[73].

Auf dem Stadtplan sieht es aus, als würden die einfachen Häuser und Straßen des Ayvansaray-Viertels am Ufer von Balat (dem alten Judenviertel) ganz allein die Landmauer zurückdrängen, wo sie rechtwinklig abbiegt und in die Seemauer am Goldenen Horn übergeht. An diesem Ende bin ich *intra muros* bereits gewesen, nahe dem antiken Blachernen-Palast. Gepflasterte Straßen, die blasslila Blütentrauben der Glyzinien, erstaunliche Ruhe; beim ersten Mal hatte ich eine Weile gebraucht, bis ich merkte, dass es hier keine Autos gab. An diesem Morgen komme ich wieder her, begleitet von Ali T. Wir gehen an einer ziemlich hohen, dunkelrot verputzten Mauer entlang, er drückt eine eiserne Tür auf. Ein geteerter Weg, frisch gemähter Rasen, ein recht niedriges Wohngebäude und ganz hinten eine kleine Kirche. Ein Mann in grauer Soutane kommt mit schlurfenden Pantoffeln heran. Ali küsst ihm mehrmals die Hand, wobei er sich sehr tief verbeugt. Pater Vassil ist 72 Jahre alt. Eine magere, ovale Gestalt, abfallende Schultern, kahler Schädel, schütterer weißer Bart, glänzende Haut, olivenfarbener Teint und zwei kleine Augen tief in ihren Höhlen, die uns nicht gerade herzlich willkommen heißen. Auf Alis Bitte willigt er ein, uns die heilige Quelle zu zeigen, die seit dem 6. Jahrhundert unter der Kapelle fließt.

Die Quellen, eine ganze Welt. Die Götter der europäischen Wälder tunkten ihre Federn in das klare Wasser ihrer Brunnen und verfassten mit dieser süßen Tinte einige der schönsten Zeilen unseres heidnischen Alten Testaments. Für die Christen ist das Wasser reinigend, heilsam, es fließt von Gott her und zu Gott zurück. Die Reinigung durch das Taufwasser oder das Weihwasser, sprudelnde Quellen zwischen den Steinplatten im Dunkel der Gotteshäuser zur

Heilung der Pilger. In Byzanz sind die heiligen Quellen, die sogenannten *hagiasma* (türkisch *ayazma*), besonders zahlreich[74] und ihre Wirksamkeit ist weit über die Mauern hinaus bekannt. Die Stadt exportiert Flakons dieses Wunderwassers ins ganze Reich. Für die Türken und Osmanen ist nach so viel Wüste und Nomadentum allein schon die Existenz dieses fließenden Wassers unter den Fundamenten der Stadt ein Wunder. Unter ihrer Herrschaft wechselt die Stadt ihren Glauben. Niemand darf fortan die Rufe des Muezzins ignorieren. Doch unter diesem äußeren Triumph fließt weiterhin »das Wasser einer verborgenen christlichen Welt«[75], so Mansel. Am Wasser der heiligen Quellen lindern bisweilen auch die Muslime ihre Leiden.

Es gibt eine berühmte Hagiasma außerhalb der Stadt, in der Krypta einer orthodoxen Kirche aus dem 5. Jahrhundert, Muttergottes an der Quelle in Balıklı. 1453 sagt ein Mönch einem seiner Laienbrüder den Fall der Stadt voraus, während dieser gerade in der Küche Fische aus dem Bosporus brät. »Ich will dir glauben«, erklärt er, »wenn meine Fische aus der Pfanne und in den Quellteich zurückspringen.« Man ahnt, wie es weitergeht, die schon in der Pfanne gebräunten Fische erwachen wieder zum Leben, springen in die Quelle, wo sie, noch immer schwarz verfärbt, aber wunderbar erhalten, bis in jüngste Zeit die Pilger anlockten. Am Freitag nach Ostern treffen sich in Balıklı Jahr für Jahr Griechen. Früher war dieser Tag ein Freudentag für die Heilssuchenden. Die Mönche schütteten ihnen große Eimer Wasser aus dem Brunnen über den Kopf und erklärten, die Stadt wurde an dem Tag wieder christlich werden, an dem die Fische fertig gebraten seien.

In byzantinischer Zeit gab es im Blachernen-Palast zwei Gotteshäuser. Sie waren mit einer Hagiasma verbunden. Immer am 15. August badete der Kaiser in dem heiligen Becken. Und jeden Freitag, am Tag der Jungfrau der Blachernen, hob sich ein Schleier aus eigener Kraft von der Ikone der Muttergottes, Schirmherrin der Stadt, und Kranke wurden geheilt. Die beiden Gotteshäuser sind nicht mehr, es bleibt die Quelle. Im Schatten der Krypta stelle ich Pater Vassil ein paar Fragen. Er antwortet in nicht gerade wohlklingendem Lallen, dann lässt er uns stehen und setzt sich wieder auf einen Plastikstuhl in der Sonne, abseits und mit dem Rücken zu uns. Zurück auf der Straße, treffen wir auf einer Caféterrasse Metin, der so gesprächig ist, wie der Pope schweigsam war, seines Zeichens Fußballtrainer. Ein Mann um die fünfzig, in buntem Polohemd, blaue Augen, buschiger, schwarzer Schnurrbart und graues Haar. Seine Familie kam aus Trabzon in dieses Viertel, als er klein war.

»Früher war es besser«, erklärt er eifrig.

»Was war denn besser?«

»Das Viertel, das Leben, alles! Am Goldenen Horn war immer viel los, und mit den Werften gab es auch Arbeit, viel Arbeit. Da wurde alles hergestellt und verkauft, was man für Schiffe brauchte.«

»Haben Sie das noch erlebt?«

»Ich habe in einer Gießerei für Schiffsschrauben gearbeitet. Leider wurde ich krank, ich hatte es auf der Lunge, da habe ich den Stier bei den Hörnern gepackt und mit dem Fußball angefangen. Das Viertel ist ziemlich sportlich. Haben Sie schon von Mehmet Altin gehört?«

»Ein Fußballer?«

»Nein, Gewichtheber, unser Lokalstar, er ist Profi in Frankreich.«

»Und der Pope, kennen Sie den?«

Er verzieht den Mund und zwirbelt sich die Schnurrbarthaare.

»Ja, heute ist sein letzter Tag. Morgen geht er ins Krankenhaus. Der Hausmeister ist netter als er, er ist aus Antakya. Die Kinder aus dem Viertel, kleine Muslime, hatten einmal einen Tunnel bis zur Quelle gegraben. Als der Hausmeister sie erwischt hat, hat er ihnen eine Tracht Prügel verabreicht. Aber wir mögen trotzdem den Hausmeister lieber. Er ist netter. Wissen Sie, dass hier immer Leute kommen?«

»Wegen der Quelle?«

»Ja, die Leute kommen zum Popen, wenn sie Probleme mit einer Frau haben oder Ärger bei der Arbeit, das Quellwasser heilt den bösen Fluch.«

»Wohl lauter Christen?«

Die Ortaköy-Moschee vor der Bosporusbrücke.

»Eine Fahrt auf dem Bosporus ist wie das Leben. Am Anfang ist man begeistert …
… dann wird es ein bisschen langweilig, und am Ende hat man es eilig, anzukommen.«

Begegnungen am Wegesrand I

Neue Galatabrücke und Galataturm.

Begegnungen am Wegesrand II

Begegnungen am Wegesrand III

Der Çırağan-Palast: Der ehemalige Sultanspalast beherbergt heute ein Luxushotel.

Die Blaue Mosche und die Hagia Sophia (rechts) im Abendlicht.

Begegnungen am Wegesrand IV

»Alles ein bisschen, Christen, Muslime, und auch diese berühmte Schauspielerin, die ist oft da, wie man hört ... Ach, der alte Pope! Langeweile hat er jedenfalls nicht.«

Er verstummt. In der kleinen Straße, die vom Goldenen Horn zur Kapellenmauer hin ansteigt, hört man Schritte und Sprachfetzen lauter werden. Ein paar Sekunden später sind da an die hundert Menschen im Sonntagsstaat. Viele schwarze Anzüge bei den Männern. Auch die Frauen sind dunkel gekleidet, nur ein paar bunte Blusen, nackte Arme, über dem Arm getragene Jacken.

»Griechen«, erklärt Mertin.

»Aus Istanbul?«

»Nein!«

»Aus Athen?«

»Wahrscheinlich. Vielleicht haben ein paar von ihnen vorher in Istanbul gelebt, sie kennen die Quelle und kommen jetzt mit Freunden wieder, so geht es das ganze Jahr über. Die Busse setzen sie unten an der Straße ab, das bringt ein bisschen Abwechslung.«

Die Pilger sind jung und alt gemischt, manche laufen nur mühsam und stützen sich auf Stöcke. Alle haben sie mindestens eine leere Flasche in der Hand. Während sie sich vor der Tür sammeln, bieten ihnen drei Türken ihre Ware an. Goldschmuck, Lederjacken und -hosen, alles aus kleinen Koffern heraus und auf einem quadratischen Stück Plastik präsentiert, das ordentlich auf dem Fußweg ausgelegt ist. Fünf Minuten später ist die Ware wie vom Erdboden verschluckt und die Händler auch. Die Griechen läuten beim Popen, der Hausmeister öffnet, und sie verschwinden im Hof.

»An seinem letzten Tag hat der Pope ganz schön was zu tun.«

Nur ein paar Meter zu Fuß die Straße hinunter, und da ist wieder die Welt, in der die Autos brummen. Da drüben parken die Busse der Pilger in einer kleinen Parallelspur zur Hauptstraße, die am Goldenen Horn entlang nach Eyüp führt. Das Ufer hat sich einen Rasen geleistet und einen Kinderspielplatz. Im toten Wasser von schleimigem Grün, wo der Schiffsverkehr nicht hinkommt, liegen Ausflugsschiffe reglos an ihren Bojen. Ein einsamer Kahn stampft durch die

Algen an der Wasseroberfläche. Angeschwemmter Dreck, Abwässer und Industriemüll haben das Ufer dicht verklebt. Ich könnte es auch anders sagen: Die Taille des Goldenen Horns ist schlanker geworden, denn indem sie sich jahrelang von matschigen Stiefeln hat treten lassen, hat sie seit dem ursprünglichen Byzanz mehrere Hundert Meter Breite verloren. Auch nach oben steigt der Schlamm. Schon während des Kreuzzugs von 1204 brauchten die Kreuzfahrer nur noch die Enterbrücken von ihren Schiffen aus direkt auf die Mauerzinnen zu legen, um die Bastionen zu bezwingen. Die theodosianische Mauer endete hier, vor dem einstigen Binnenhafen. Bis in die 1950er-Jahre passte die Stadt noch in ihren Mutterbauch. Die ganze Stadt, mitsamt ihren Annehmlichkeiten, ihrem Aussatz und ihren Ablegern: Häuser, Paläste, Moscheen, Brachen, Ställe, Slums, Gemüsegärten, Parks, Kirchen. Eines Tages hat die Stadt über die Mauer gesetzt. Seitdem galoppiert sie davon.

III
Hunde, Kamele, Tauben, Schildkröten

Hunde, Katzen, Wölfe. Hunde werden in den Ländern des Islams umhegt, und ganz besonders in der Türkei – wahrscheinlich wegen des Hundes der sieben Schläfer von Ephesus[76]. Über dieses Tier hatte Gott zu den sieben Gefährten gesprochen, die in einer Grotte eingemauert wurden, weil sie sich geweigert hatten, von ihrem christlichen Glauben abzuschwören. So wurde der Hund zum Ebenbild des Engels und zu einem der Tiere im islamischen Himmel. (Der Hund der sieben Schläfer ist in einer aus dem indischen Mogulreich stammenden Handschrift des 17. Jahrhunderts abgebildet, dem *Verzeichnis seltener und wertvoller Gegenstände*[77], das ein afghanischer Autor um 1555 für seinen Khan aufstellte. Er hat einen sympathischen Hundekopf, die langen Schlappohren eines schlafenden Kaninchens und einen grauen Löwenkörper. Auf derselben Seite das Abbild der apokalyptischen Bestie – Giraffenkörper, Elefantenohren, Hirschgeweih und Menschenkopf –, die dem Koran zufolge nach dem letzten Gericht der Erde entsteigen wird, »wenn das letzte Wort gesprochen ist«. Sie wird Arabisch sprechen, Moses' Stab tragen und das Siegel Salomons, und sie wird die Stirn der Gläubigen und Ungläubigen mit einem Mal zeichnen.)

In den muslimischen Vierteln von Istanbul machen sich seit Jahrhunderten Hundemeuten ihre Reviere streitig und teilen sie untereinander auf. Jedes Viertel, vor allem in der türkischen Stadt, hatte seine Rudel, die von den Einwohnern gefüttert wurden. Die Hunde waren die Herren der Straße. Sie zwangen die Bewohner zu ständigen Umwegen und hassten jede Störung, wie Graf Helmuth von Moltke 1837 berichtet: »In den Häusern trifft man niemals Hunde, aber in den Straßen leben viele Tausende dieser herrenlosen Tiere von den Spenden der Bäcker, der Fleischer und freilich auch von ihrer Arbeit, denn die Hunde haben hier fast ganz allein das Geschäft der Straßenreinigung übernommen. Fällt ein Pferd oder ein Esel, so wird das Tier höchstens bis an den nächsten Winkel geschleppt und dort von Hunden verzehrt. (…) Nie geht ein Hund einem Menschen oder Pferde aus dem Wege und Pferde und Menschen, die dies einmal wissen, weichen den Hunden, wenn es irgend möglich ist, aus. Täglich kommen indes die schrecklichsten Verletzungen vor, überall hört man die Wehklagen der armen Tiere, und doch sieht man sie überall regungslos mitten im dichtesten Gedränge auf dem Steinpflaster schlafen. Allerdings wäre es ganz unmöglich für diese vierbeinige Polizei, sich zu flüchten; alle Häuser sind verschlossen und die Mitte der Straße ist immer noch der sicherste Platz für sie, weil es viel mehr Fußgänger als Reiter gibt.«[78] Es empfahl sich nicht, nachts unterwegs zu sein, wenn man keinen soliden Stock dabei hatte, um sich ihrer Angriffe zu erwehren. Der schon oft zitierte Philip Mansel erzählt die Geschichte eines betrunkenen Matrosen, der in einer der Straßen Galatas gestürzt war und von dem man am nächsten Morgen nur noch die Knochen fand. Und er berichtet auch, dass nach Eröffnung der ersten Straßenbahnlinie eigens Angestellte die Schienen von den dort lagernden Hunden freizuräumen hatten.

Es musste so kommen, dass eines Tages die Macht der Hunde der der Sultane missfiel. Abdülhamid beschließt, alle Hunde der Stadt einzusammeln und auf eine der Prinzeninseln zu verfrachten. Bis zu dieser Zeit hatte man dorthin nur Kaiser, Kaiserinnen, Patriarchen, Prinzen und Prinzessinnen verschleppt, nicht ohne bisweilen den Männern die Augen ausgestochen und die Frauen kahl geschoren zu haben. Niemand hatte sich gegen diese Verbannungen aufgelehnt; und ihren Namen Prinzeninseln erhielten die Roten Inseln, wie die Türken sie nannten (oder die Priesterinseln für die Griechen) im Spott. Die Hundedeportation machte mehr Probleme. Wenn der Wind vom Marmarameer her blies, hörte man sie von der asiatischen Seite wie am Spieß heulen. Die Bevölkerung gab deutlich zu verstehen, wie sehr sie an diesen Tieren hing, und der Sultan musste die Geächteten per Schiff zurückholen. 1910, ein Jahr nach der Absetzung des Sultans, wurde aber, wie Mamboury berichtet, die Insel Oxia »das Grab der Stambuler Hunde«. Sie wurden »zu Tausenden auf diesen Felsen gebracht, wo sie sich vor Hunger gegenseitig zerrissen; ihr Geheul war so stark, dass man es am asiatischen Ufer und auf den Inseln hören konnte.«[79]

Auf Büyükada, einer weiteren Prinzeninsel, mit Çelik Gülersoy, dem Retter vieler historischer Gebäude. Am Ausgang des Hafengebäudes (osmanischer Stil, französischer Architekt) erwartet uns sein Coupé. Grüne Holzbank, weißes Leder, bronzefarbenes Verdeck, schnurrbärtiger Kutscher. Auf den Prinzeninseln leiden heute nur noch die Pferde, denn Autos sind verboten. Das Pferd trabt dahin, das Geklapper der Hufe begleitet uns, die Luft ist mild, mein Gastgeber singt mit tiefer Stimme vor sich hin, la-la-la, und unterbricht sich dabei nur, um mir im Lauf der Fahrt seine Kommentare zu liefern: »Hier wohnte ein exzentrischer Engländer, er hatte sich ein Observatorium bauen lassen, la-la-la …«

»Sehen Sie dieses Haus, es gehörte Trotzki, la-la-dum-dum …«

»Oh! Mein altes Haus …«

»La-la-la, Art déco aus den 30ern, la-la-la, englische Neogotik …«

»Oh! Mein neues Haus …«

»Das Mausoleum dort unter der Palme ist das Grab von Seferoglu, dem reichsten Mann der Insel, keine Nachkommen, sein Grab ist ganz heruntergekommen, letztlich sind wir doch ein Nichts, la-la-la …«

»Hier ein jüdischer Sportverein … blau.«

»Ein Haus wie ein kleiner Tempel, mit dreieckigen Giebeln, es gehörte einem griechischen Maurer … erbaut 1904.«

»Venezianische Villa …«

Und dann dieses Geständnis beim Verlassen des Coupés: »Ich habe zwei Lieben, Blumen und klassische Musik.«

Als ich nach dem Zapfenstreich das Pera Palace verlasse, erwartet mich ein kleiner Trupp dürrer Hunde, verschieden groß und verschiedenfarbig, alles Mischlinge. In einer düsteren, schlecht beleuchteten Gegend, auf einer Brache zwischen dem Netz der Gassen, die Richtung Goldenes Horn und Eminönü hinunterführen, werden sie plötzlich aufdringlicher. Ich lege einen Schritt zu, sie laufen schneller. Ich drehe mich um, sie kommen heran und fletschen die Zähne, bis ich in ein Taxi springe.

Auch Katzen gelten als heilige Tiere, die der Prophet angeblich mochte. Sie sind überall wie zu Hause. Auf den Parkplätzen der Wohnhäuser, auf den Terrassen der Restaurants, an den Gräbern auf den Friedhöfen, auf den Motorhauben der Autos. Der Istanbuler Straßenverkehrsordnung zufolge hat eine Katze immer Vorfahrt vor einem Auto.

An den Wänden der Läden gegenüber der Rüstem-Paşa-Moschee (erbaut um 1550 von Sinan, herrliche Iznik-Fliesen) Hundehalsbänder, die mit imposanten Stahlspitzen bewehrt sind. Hier versorgen sich die Hirten, die ihre Hunde gegen die Wolfsattacken schützen wollen.

Tauben. Jeden Sonntagmorgen findet auf einem kleinen Parkplatz zwischen der Straße von der Atatürk-Brücke zum Taksim und dem Ufer des Goldenen Horns ein Markt für Brieftauben statt. Schätzungsweise 50 Verkäufer präsentieren ihre Champions in vergitterten Kästen oder in einfachen Kartons zu ihren Füßen. Die potenziellen Käufer gehen von einem Stand zum anderen, sie schauen und scheinen sich stets urplötzlich zu entscheiden. Dann nehmen sie den Vogel, den sie ausgesucht haben, in die Hand, ziehen ihn am Kopf, lassen mit einem zweifachen Daumendruck die Augen aus den Höhlen hervortreten, klappen die Flügel auf, untersuchen Beine und After. Wenn ihnen die Taube gefällt, beginnt das Gespräch:

»Hat sie nicht einen kaputten Fuß?«

»Nein, sie ist einwandfrei.«

»Aber es sieht doch so aus, als müsste sie ein bisschen humpeln.«

»Sie läuft wie ein Kaninchen, keine Sorge, sogar den Weibern läuft sie hinterher.«

Der Kunde will das sehen. Er lässt sie laufen, indem er den Körper schwerelos zwischen den Handflächen hält.

»Ist es ein Weibchen oder ein Männchen?«

»Hast du keine Augen im Kopf?«

»Doch, eben, aber ich sehe nichts.«

Dieser Vorspann dauert mehr oder weniger lang, aber er endet immer gleich: »Wie viel?«

Die Antwort variiert zwischen einer und fünf Millionen alte Lira.

Manche Käufer heben die Tauben am Schwanz an, damit sie mit den Flügeln schlagen. Verkäufer lassen ihre Tiere frei, sie setzen sich ihnen auf die Schulter. Manche binden sie mit einem Bein an einer langen Schnur fest und werfen sie für einen Demoflug in die Luft. Die Tauben kreisen über den Köpfen und schwirren im Tiefflug vorbei. Vorsicht, manche machen sich einen Spaß daraus, die Gesichter zu streifen. Eine von ihnen reißt einem Zuschauer die Zigarette aus dem Mund. Beifall und Gelächter.

Verkäufer und Käufer sehen sich ähnlich. Jeans, Anoraks, Parkas, Windjacken, Pullis. Ausnahmslos Raucher. Es rauchen auch der Kebab- und Brezelverkäufer sowie die drei Verkäufer von Körnern (Mais, Weizen usw.) und tierärztlichen Produkten.

Rassen: Bango, weiß mit brauen Flügeln; Baska, wenn man sie hochwirft, kommen sie nicht zurück; Bursa, benannt nach der ersten Hauptstadt des Osmanischen Reichs, sie fliegen sehr hoch und sehr lange; Mardin, nach dem Namen einer Bergstadt (eine Burg, ein Radar, Nähe zur syrischen Grenze), schwarz und lila schillernd, beim Fliegen hüpfen sie, simulieren die Landung und steigen wieder auf; Dönek, Griechen aus Saloniki; Tchaba, die immer über den Wolken fliegen. Insgesamt zig verschiedene Rassen.

Ich suche nach den Namen französischer Rassen, finde aber nur drei: *ramier* (Ringeltaube), *biset* (Felsentaube) und *colombin* (Hohltaube). Ich erinnere mich aber, in den Memoiren des Mathematikers Laurent Schwartz gelesen zu haben, dass die Türkentaube seit den 1950er-Jahren über den Balkan nach Westeuropa gelangte und unsere Turteltaube in die Wälder verdrängte. Viele Tauben in Istanbul, und in Cihangir finden sich ganz in der Nähe voneinander zwei »Taubenstraßen« (Kumrulu Sokak und Kumrulu Yokuşu).

An der Parkplatzausfahrt ein Verkäufer von kleinen Singvögeln (rot, weiß, braun, grau, schwarz) und ein junger Mann, der auf seinen Fersen hockt und über einen Hahn und eine Henne wacht, beide gleich dünn befiedert und abgemagert – er hat sie an einen Baumstamm gebunden. Männer gehen weg, mit ihren Federkugeln in der Hand, sie tragen sie wie den Heiligen Geist, den Kopf behutsam zwischen den Fingern.

Schafe, Ochsen. Auf der Flughafenstraße jenseits der Mauer stehen an Festtagen lange Autoschlangen am Rand der Brachflächen, die zu Schlachtstätten unfunktioniert werden. Auf den Wiesen Haufen geopferter Tiere, Berge von Eingeweiden und Fellen, und große Blutkreise, das Gras ist rot. In allen Wohnungen wurden Schafe gemästet. Auch außerhalb der Festzeiten ist es nichts Außergewöhnliches, auf den ruhigen Straßen der Istanbuler Dörfer einer Kuh oder gar einem Stier zu begegnen.

Im Istanbuler Schlachthof tötet jeden Morgen ein jüdischer Metzger das erste Tier (Überbleibsel einer Sitte aus osmanischer Zeit).

Kamele und Dromedare. Die türkischen Nomaden aus den Steppen Zentralasiens und den Vorgebirgen des Himalajas verwendeten schon immer das zweihöckrige Trampeltier (oder Baktrisches Kamel), das eine dichte Mähne hat und Kälte verträgt; die arabischen Nomaden dagegen, die in der Wüste, in Ergs und Oasen leben, bevorzugten das Dromedar. »›Das *Wüstenschiff* ist in Anatolien zum Rivalen der Gämse geworden‹, schreibt im 19. Jahrhundert der russische Naturgelehrte Petr Aleksandrovich Tchihatchef.«[80]

Als Süleyman 1529 nach Wien marschiert, umfasst sein Heer 120 000 Mann und 28 000 Kamele. Am 27. September steht er vor den Mauern der habsburgischen Hauptstadt. Der Winter kommt früh, der erste Schnee fällt am 14. Oktober. Die Kamele halten durch, doch die Janitscharen klappern mit den Zähnen, und der Padischah beschließt, nach Hause zurückzukehren.

Ein heiliges Kamel lebte innerhalb der Palastmauern des Sultanspalasts. Angeblich stammte es von einem Tier ab, das dem Propheten gehört hatte. Jedes Jahr zur Wallfahrt nach Mekka verließ es den Palast mit dem *mahmal,* einer schwarzen, goldbestickten Decke, die der Sultan als Behang für die Kaaba schickte, und eröffnete damit die Prozession zum Bosporus hinunter. Das Volk gesellte sich zu den Eunuchen, Janitscharen und Derwischen, die dem Kamel folgten; dahinter kamen sieben Maultiere, die mit Geschenken an den Emir von Mekka beladen waren, und alle passten ihren Schritt dem des Tieres an. Die Wallfahrer trafen am anderen Ufer auf die von Üsküdar und machten sich gemeinsam auf den Weg nach Arabien, während das Kamel in den Palast zurückkehrte, um ein Jahr lang auf seinen nächsten Ausgang zu warten.

Als ich eines Tages die Stadt über Topkapı verlasse und im Auto Richtung Eyüp fahre, sehe ich auf einer Brache vor modernen Wohnblöcken ein Kamel, das vier junge Männer am Zügel führen.

Die einzigen Karawanen, die Istanbul heute noch verlassen, sind die der Autobusse aus Esenler, dem Busbahnhof fünf oder sechs Kilometer außerhalb des Stadtzentrums. Ich komme an einem Frühlingsmorgen dorthin, der nächste Tag ist Feiertag. Die ganze Nacht über hat es geregnet, der Himmel ist verwaschen, der Boden matschig, die Pfützen glitzern in der Sonne, Fahnen flattern oben an ihren Masten, und mehrere Hundert Reisende, überwiegend Männer, warten in den Bahnhofshallen auf ihre Abfahrt, einem riesigen sechseckigen Gebilde hinter einem Gürtel von Beton und Straßen, mit Tiefgarage, U-Bahn-Eingang, in vier Ecken eine Art Turm (eine lächerliche, billige, modern-verkorkste Kopie des Yedikule-Kastells). In den oberen Stockwerken befinden sich Büros und billige Hotels *(Elit Hotel)*, im Erdgeschoss Reisebüros und ein paar Läden. Händler versteigern auf den Gehsteigen Tickets, einen Tee oder Kaffee in der Hand. Kinder kleben an den Scheiben, die Augen in der Ferne. In den Schalterräumen wird viel geschrien und gestikuliert. Immer geht es bei diesem Gezanke um das Gewicht des Gepäcks, das sich am Ausgang der Abfahrtshallen stapelt. Kartons, Koffer, Korbflaschen und vor allem Bündel, die so groß sind wie zwei oder drei gewöhnliche Gepäckstücke, in robustes Plastik eingeschlagen, mit breitem Klebeband umwickelt und zum Tragen oder Hinterherziehen verschnürt – gleich wird sich das alles auf den Dachträgern der Busse türmen. Auf Plastikhockern in den Wartehallen und an den Außenmauern, überall Männer in Winterkleidern, sitzend oder hockend, Istanbuler Bauern, das

Kinn in die Hand gestützt oder aber in Gespräche und Witzeleien vertieft, eine seltsame Mischung aus Traurigkeit und Schwung, in der ich die komplexe Gemütslage aller Entwurzelten der Erde zu lesen meine, kurz bevor sie nach Hause fahren, mit ihrer Last von Erinnerungen, guten und schlechten, von Hoffnungen, die sich manchmal erfüllt und häufiger zerschlagen haben. Busse holen sie ab, eine nie abreißende Bewegung. Sie wirken wie Raumschiffe, grelle Farben in Grün- und Lilatönen, frisch gestanzte Formen, die wohl auf den Dorfplätzen Anatoliens großen Eindruck schinden werden, wenn sie dort ihre Passagiere und deren Gepäck abwerfen. Die resignierten Blicke derer, die schon hinter den Panoramafenstern sitzen, strafen hingegen alle übertriebenen Erwartungen an die Bedingungen dieser Heimfahrt in die Heimat von vornherein Lügen.

Eidechse, Widder, Schildkröten. An der Mauer, am Abhang Richtung Edirne-Tor. Es ist Vormittag, die Sonne drückt schon auf die Stadt, etwas Wasser plätschert im Rinnstein, und eine grün und golden gescheckte Eidechse macht sich an einer Rattenleiche zu schaffen. Ein paar Meter weiter oben ein Spalt in der abgetragenen und von Gras überwucherten Mauer, ein Baum wächst dort, gar nicht mehr so klein. Ein prächtiger Widder mit langen, zu Bögen gewundenen Hörnern (ein Mufflon?) ist mit einem etwa drei Meter langen Seil um die Brust festgebunden. Er hat alles erreichbare Gras abgeweidet. Die trockene Erde zeichnet um ihn herum einen vollkommenen Kreis. Mitten auf dieser Fläche eine leere rote Plastikwanne. Er blickt auf, als ich vorbeikomme, gebieterisch trotz des Seils und der vertrockneten Weide.

Auf dem Friedhof von Feriköy das Rascheln von trockenem Gras zwischen zwei Gräbern im Bezirk St. Petrus / St. Paul, es sind Schildkröten auf Spaziergang. Für die nächtlichen Feste im Palast befestigten die Diener des Sultans Lämpchen auf den Panzern von Schildkröten. Wenn sie sich bewegten, ergab das auf dem Boden einen langsamen, unvorhersehbaren Feenzauber, der sich zum Strahlen der Fackeln und dem Glitzern des Feuerwerks gesellte.

IV
Tulpen und Nelken

Dauzat, etymologisches Wörterbuch: »Tulpe, entlehnt aus dem türkischen *tülbend,* eigentlich ›Turban(pflanze)‹«.

Littré, Wörterbuch des Französischen: »Botanische Bezeichnung (...) und im *Ancien Régime* Spitzname für Gefreite und Unteroffiziere, die machten, was man im Feldlager die Karesse nennt, zum Beispiel Fanfan la Tulipe.«[81]

Im Jahr 1562 führt Süleyman den Botschafter des Heiligen Römischen Reiches, Ogier Ghiselin de Busbecq, durch seine Gärten, wo dieser vor einer unbekannten Blume in Verzückung gerät, der Tulpe; er schickt ein paar Zwiebeln an Freunde in Wien und Prag. In den folgenden Jahren tritt die Tulpe ihren Siegeszug durch Europa an, die Zwiebeln reisen in den Koffern von Diplomaten und Kaufleuten. Carolus Clusius, zu der Zeit Botaniker am Wiener Hof, ging 1594 an die Universität Leiden und sorgte für die Verbreitung der Tulpe in den protestantischen Niederlanden. 1634–1640 erreichte in Haarlem die Tulpenliebhaberei ihren Gipfel, die Blume verbreitet sich in Holland, die Nachfrage wird größer, der Handel kommt in Fahrt, die Preise steigen (1637 1000 Goldstücke für eine einzige Zwiebel), bald mischen die Spekulanten mit, die Auswahl wird vielfältiger, Großhändler wenden ganze Vermögen auf, um den englischen Markt zu erobern, der sich den Zwiebeln verweigert. Das britische Phlegma sorgt für panische Verkäufe an der Börse von Haarlem: ein Börsenkrach[82].

Außerhalb der Finanzkreise dauert die Tulpenmanie an; an den Ufern des Bosporus ergreift sie die gesamte Bevölkerung. Anfang des 18. Jahrhunderts verzeichnet ein »Register der Istanbuler Tulpengärten« 1108 Varietäten. Die große Zeit der Feste und der Sorglosigkeit, die mit der Spätzeit der Herrschaft Ahmeds III. zusammenfällt, nennt man die *Tulpenzeit.* Ein Hauch von Freude weht über der Stadt, der Sultan ernennt einen Gartenminister, und die Tulipomanie[83] erlebt ihren Gipfelpunkt. 1720 werden anlässlich der Beschneidung der vier Sultanssöhne in der ganzen Stadt Belustigungen ohnegleichen veranstaltet, der Sultan lädt dazu in seinen Palast von Beşiktaş am Bosporusufer, mit Schildkrötenlampen im Tulpengarten.

Die Zeiten schmecken nach leichtem Sinn, nach Rausch und Verschwendung, nach mandelgrünen und blassrosa Liebschaften, nach Kiosken und Lustlauben, nach dem Kult des Vergänglichen (wir finden uns auf dem Höhepunkt des osmanischen Barock); die Stadt wird zur Vergnügungshauptstadt[84]. Der neue Sultanspalast an den »süßen Wassern Europas« wird »Haus der Glückseligkeit« getauft *(Saadabad)*, Dichter feiern Leben, Wein und Liebe, so etwa Nedim, »der lustige Gefährte«, Bibliothekar und Freund des Großwesirs:

»Lass uns lachen, lass uns spielen, lass uns recht die Welt genießen,
Aus der neuerschloss'nen Quelle Wasser trinken, von dem süßen,
Lass uns sehn, wie Lebenswasser aus den Drachenmäulern fließen –
Komm, du wandelnde Zypresse, lass nach Saadabad uns gehn!«[85]

Das Fest endet wie üblich mit dem plötzlichen Unmut der Janitscharen, mit puritanischem Gezeter, der Absetzung des Sultans, der Hinrichtung seines Schwiegersohns (dessen Leichnam den Hunden vorgeworfen wird). Die Kioske und Liebeslauben am Ufer von Bosporus und Goldenem Horn stehen in hellen Flammen, und die allzu weinseligen Dichter werden hingerichtet. Nedim überlebt das Unwetter nicht. Über seinen Tod kursieren mehrere Versionen. Nach einer Überlieferung soll er auf der Flucht von einem Dach gestürzt sein. Andere behaupten, er sei von den Eltern eines seiner jungen Geliebten ermordet worden.

*

Die Tulpe – eine der vier traditionellen Blumenmotive im osmanischen Schmuckwerk, zusammen mit Nelke, Hyazinthe und Wildrose. (Natürlich gibt es noch weitere: Pfingstrose, Lotus, Rosenknospe.) Man findet sie auf der Keramik (blasslila, kobaltblau, tomatenrot oder türkis, mit kleinen, liliengrünen Blättern), auf dem

Samt der Kaftane und Kissen, auf der Wolle der Teppiche, auf der Seide der Zeltbahnen.

Das Zelt blieb, trotz der Pracht der Paläste, lange die bevorzugte Unterkunft der Sultane. Nach so vielen Jahren der Hetze durch die Pässe Asiens, nach so vielen brennend heißen oder eiskalten Jahreszeiten können die Osmanen nicht von der Einfachheit des Nomadentums lassen, wie sie es immer praktiziert hatten, bevor sie ihre Macht zum ersten Mal zentralisierten und im asiatischen Bursa sesshaft machten, dann 1366 in Edirne und schließlich nach 1453 mit größerer Pracht in Istanbul.

Dabei finden sie bereits in Bursa Geschmack am Luxus – Porzellan, Taft aus Samarkand, chinesischer Goldbrokat –, aber sie haben noch nicht die Mentalität der Besitzer, denn die dauerhaften Dinge gehören nur Gott. Weiterhin sehen sie das Leben als »ein Picknick im Frühling«; bei allzu starkem Regen retten sie sich in ihre Zelte oder ihren Palast und können immer »Auen aus Fliesen« betrachten[86].

Eine Schnittblumenverkäuferin auf dem Taksim-Platz (also am Platz des Wasserreservoirs), wo früher ein Friedhof lag. Ein hübsches Ding, wie ihre Gefährtinnen, das Gesicht von der frischen Luft glatt poliert, Kopftuch, goldene Ringe in den Ohren und Armbänder an den Handgelenken.

»Ich habe als Näherin begonnen«, erklärt sie, »ich habe sogar eine Schneiderlehre gemacht und dann …«

»Woher kommen Ihre Blumen?«

»Natürlich aus der Türkei!«

»Und aus Zypern!«, schreit eine ihrer Nachbarinnen lachend dazwischen.

»Welches ist Ihre Lieblingsblume – die Tulpe?«

»Nein, die Rose, aber meine Tulpen mag ich auch, diese hier kommen aus Edirne. Kennen Sie die Geschichte von den Tulpen aus Edirne?«

»Nein.«

»Einer sehr reichen Frau wollten einmal Leute ein Tulpenfeld abkaufen. Sie lehnt ab. Da kommt der Sultan und erklärt ihr, er wolle auf ihrem Feld eine Moschee errichten. Sie möchte ihr Tulpenfeld gern behalten, aber wie kann man dem Sultan etwas abschlagen?«

Während sie spricht, bindet die Verkäuferin weiter ihre Sträuße. Lächelnd wiederholt sie: »Nicht wahr, wie schlägt man einem Sultan etwas ab? Die Frau kommt auf die Idee, zu sagen, sie müsse erst ihre Blumen fragen. Wenn die Tulpen das Haupt neigen, ist sie einverstanden. Da greift Gott ein. Die Sache betrifft ihn, es geht ja um eine Moschee. Durch Gottes Gnade neigen alle Tulpen das Haupt, und die Frau gibt ihr Land dem Sultan. Gleichzeitig mit der Moschee lässt der Sultan einen Marmorbrunnen bauen, in den er vier Tulpen gravieren lässt. Als die Moschee fertig ist, neigen die vier Tulpen jedes Mal, wenn die Frau vor der Moschee vorbeikommt, das Haupt.«

Ein Stück weiter auf dem Gehsteig haben sich Straßenmusikanten niedergelassen. Ein kalter Wind trägt Fetzen ihrer Lieder herüber und beugt die Tulpen der Blumenhändlerin.

»Meine Tulpen sagen Ja!«, ruft sie und lacht laut los. »Vor allem die gelben, die türkischen!«

»Und die rosafarbenen?«

»Die kommen aus Holland!«

Auf der anderen Seite des Platzes an der Mündung der Kazancı-Straße zwei vertrocknete Nelkensträuße zum Gedenken an die Demonstranten, die hier Anfang der 1970er-Jahre von der Polizei getötet wurden. Und zwischen den Autos hüpfen zwei junge Zigeunerinnen mit kupferblonden Locken herum und verkaufen auf die Schnelle Tulpen.

V

Galatasaray, Fenerbahçe (und Trabzon)

Fenerbahçe heißt eine kleine Landspitze an der asiatischen Küste des Marmarameers, das alte Hiera, wo Justinian einen Palast für Theodora[87] erbauen ließ, eine Kirche und diverse Einrichtungen (einen Hafen, eine offene Zisterne, Bäder usw.), die diese kleine Siedlung zu einer der beliebtesten Residenzen des kaiserlichen Hofes machten; 1000 Jahre später übernahm sie Süleyman, der sich für diese Halbinsel einen Pavillon nach seinem Geschmack erdachte – den Leuchtturmgarten. Von diesem immer wieder erstarkten Glanz, der sich im Wandel der Jahrhunderte gar zu festigen schien, ist nichts mehr übrig, nur ein paar Steine, die Ruinen einer Mole, und der Name, der mir nicht viel sagte, Fenerbahçe, den ich aber eines schönen Septembernachmittags kennenlernte, als ich die Fähre von Üsküdar nach Kabataş nahm.

Am Fährhafen ging es besonders lebhaft zu. Die Leute, die an den Kai hasteten, sahen fröhlich aus, riefen sich gegenseitig, begrüßten sich mit Klapsen auf den Rücken, beglückwünschten sich, während einer der Matrosen auf der Fähre von der Kapitänsbrücke aus in ein Megafon heulte: »Wir fahren zum Spiel, heute Abend ist das Spiel, beeilt euch, Abfahrt in drei Minuten, auf zum Spiel!«

Und die Passagiere, die an Deck sprangen, antworteten außer Atem: »Zum Spiel! Auf zum Spiel!«

Die Fußballmannschaft aus Trabzon sollte im Rahmen der Superliga gegen das Team von Istanbulspor spielen. Trabzon, am Schwarzen Meer gelegen, ist das antike Trapezunt, die Hauptstadt eines 1204 von Alexios und David Komnenos gegründeten griechischen Kaiserreichs. In weniger als zwei Stunden sollte das Derby im Stadion von Beşiktaş angepfiffen werden.

»Zum Spiel! Zum Spiel!«, tönte der Chor aller Ankömmlinge.

Auf dem Kai, auf den benachbarten Fähren, in den Zigarettenkiosken, überall herrschte dieselbe fröhliche Erregung. Eine Freudenexplosion begrüßte die Abfahrt der Fähre. Unglaublich viele Passagiere holten Handys aus ihren Taschen und riefen in Trabzon an. Alle wollten sie live diese Bosporusquerung kommentieren, die sie zu dem Stadion brachte, in dem ihre Mannschaft auflaufen sollte. Andere hatten aus ihren Taschen bereits mit Kassetten bestückte Geräte gezogen, auf denen sie die offizielle Hymne der Fans von Trabzon aufgenommen hatten. Von vorne bis hinten tönte auf diesem Schiff im allgemeinen Getöse das Grölen vom Band, das zum Chor anhob, wenn zufällig mehrere Geräte gleichzeitig dieselbe Musik wiedergaben. Junge Leute mit dunkelrot und blau gestreiften Mützen und Trikots begannen zu tanzen, während die Frauen in die Hände klatschten – doch diese Zurückhaltung sollte nicht lange dauern. Ein junger Mann mit Stoppelhaar kam auf die Idee, den Kapitän zu bitten, er möge eine Kassette über das Bordradio abspielen.

»Wenn er aus Trabzon ist, macht er das!«, schrie ein magerer Alter mit noch athletischem Körperbau.

»Er ist Lase[88] aus Trabzon, gleich will er …«, rief der junge Mann, die Finger zum Victory-Zeichen gespreizt, als er kurze Zeit später wieder vom oberen Deck herunterkam. Er brachte seinen Satz nicht zu Ende, denn seine Stimme wurde von der bis zum Anschlag aufgedrehten Anlage übertönt. Endlich konnten die Passagiere alle im Einklang tanzen und singen. Das Licht des Sonnenuntergangs, das auf der abgeflachten Silhouette des asiatischen Festlands eine Feuerlinie entfachte – die flammenden Scheiben an Üsküdars Fassaden –, vergoldete die Gesichter und mehrte noch die allgemeine Euphorie, die an dem angespannten Dauergrinsen der Gesichter abzulesen war oder aber, besonders bei den Frauen, an halb geschlossenen Augen und einem vagen Lächeln, dem ich, ich erinnere ich mich noch genau, innerlich etwas wunderbar Obszönes beimaß. Auf den Schiffen, die wir kreuzten, blickten Passagiere mit der Zigarette im Mundwinkel neidisch zu unserem Narrenschiff herüber, das inzwischen ganz mit den Farben von Trabzon beflaggt war, als würde einmal mehr die Geschichte über diese Wasserstraße dringen (ein mit Helden besetztes Schiff auf der Überfahrt über die Ochsenfurt), und manche verdeutlichten winkend und rufend ihr Bedauern, dass sie bei dieser Fahrt nicht mit von der Partie waren.

Einer meiner Nachbarn wirft in seinem Überschwang einen alten Kugelschreiber in Richtung des noch fernen Ufers, und ich denke an Alexander auf der ersten Überfahrt seines großen Feldzugs, der beim Herankommen an die Küste Kleinasiens nicht weit vom alten Troja seinen Spieß in Richtung Festland wirft, so ungeduldig ist er, sein Siegel einzuprägen, sein Licht auf der Scholle einer Welt aufgehen zu lassen, die er bezwingen will, um sie nur besser zu erfinden.

In der allgemeinen Euphorie, die noch immer mit den Daheimgebliebenen am Schwarzen Meer geteilt wird – der Zauber des Handys macht es möglich –, war meine Passivität nicht unbemerkt geblieben, aber mein Notizbuch und vor allem die Tatsache, dass ich Franzose bin, dass ich also der Nation angehöre, die Zidane und ein paar andere hervorgebracht hat, deren Namen ich – im Gegensatz zu denen von Kopa und Müller – bereits wieder vergessen habe, hatte mir eine Art sympathische Unangreifbarkeit verliehen und mich vor allzu nachdrücklichen Aufforderungen verschont, dem Trabzoner Verein meine Unterstützung zu bekunden (wir befinden uns etwa ein Jahr vor dem koreanischen Desaster der *Bleus*). Gleich neben mir waren drei Männer ebenfalls zurückhaltend geblieben, aber freundlich ersucht worden, ihren fehlenden Eifer beim gemeinsamen Grölen und Singen zu begründen. Es stellte sich heraus, dass es drei Fans von Fenerbahçe waren – so hörte ich diesen Namen zum ersten Mal –, denen das Ergebnis des Spiels eher egal war. Aus der folgenden Diskussion erfuhr ich, dass Fenerbahçe einer der beiden großen Fußballvereine war, die sich das Herz der Istanbuler teilten; der andere hieß Galatasaray.

*

Es ist schwierig, sie lange zu ignorieren. Galatasaray und Fenerbahçe, die beiden Mannschaften, und ihre Fanclubs, die UltrAslan (Ultralöwen) und die Gelben, haben im Leben der Stadt eine herausragende Bedeutung, so wie früher die beiden Parteien des Hippodroms für den Alltag der Einwohner von Byzanz. Um der Stadt den Puls zu fühlen und ihre heilige Fußballleidenschaft zu messen (die einzige vom kemalistischen Laizismus geförderte Religion, sagen manche), braucht man nur in eine der unzähligen Kneipen zu gehen, in denen sich allabendlich Tausende zum Essen und zum Feiern treffen. Verrauchte Lokale einer Kette, die für ihr Grillfleisch berühmt ist, Fischtavernen, die Bierschenken von Beyoğlu, Gasthäuser in den Stadtvierteln, wie die am Frauenmarkt (Kadınlar Pazarı, eine dörfliche Ansammlung von Holzhäusern zwischen einer Wasserleitung und dem Gelände der Feuerwehrkaserne, wöchentlich werden von den Höfen im Osten des Landes Olivenöl, Honig, Pistazien, Kräuterkäse, Gemüse und Fleisch dort angeliefert). In all diesen Gaststuben laufen ununterbrochen die Fernseher, die alle gänzlich ignorieren (sogar die Intrigen des türkischen »Big Brother«, »Irgendjemand sieht uns«, ziehen nicht einen einzigen Blick auf sich). Die Musik spielt manchmal auf den Tellern – dampfende Fleischbällchen mit Kreuzkümmel und Knoblauch und Auberginen-Tomaten-Gemüse –, häufiger auf den Tischen, wenn junge Frauen in eng anliegenden Hosen, ohne dafür immer den Nachtisch von Milchreis oder Quittenbrot abzuwarten, hinaufklettern und zwischen den leeren Gläsern herumtanzen; nie aber auf den Fernsehbildschirmen. Doch an den Abenden, an denen gespielt wird, ist alles anders. Der Raum ist zweigeteilt, die Gäste ordnen sich innerlich einem der beiden Lager zu, die Augen sind auf die Fernseher gerichtet (auch die der Kellner; zum Bestellen wartet man besser auf die Halbzeit oder die Spielpausen), schmerzvolles Aufjaulen und Freudengeschrei begleiten den Spielablauf, und draußen sind bis zum Schlusspfiff die Straßen seltsam still.

*

Alle Metropolen der Welt konkurrieren im Bau jener eiförmigen Tempel von erstaunlicher Größe, in denen ein von Werbeschildern gesäumter Rasen den Altar abgibt, an dem Fußball und Popmusik zelebriert werden. 40 Kilometer nördlich von Istanbul zeugt eine gigantische Baustelle von den Ausmaßen des Olympiastadions, mit dessen Bau die Türken, unterstützt von französischen und deutschen

Unternehmen und Architekten, ihre Infrastruktur dem Ehrgeiz des Volks anzupassen gedenken (2001 fertiggestellt, heute finden 75 000 Zuschauer darin Platz). Eines Wintertags fahre ich über die Straße, die mein Führer, ein französischer Freund und Leiter der Baustelle, die »Todesstraße« nennt, die Verlängerung der Flughafenstraße.

»Die fahren, als säßen sie vor einem Videospiel«, meint er, »und jeden Morgen geht es zwei oder drei von ihnen an den Kragen, weil sie ein entgegenkommendes Auto rammen.«

Die Nacht über hat es geregnet, der Himmel hängt tief, grau ist er und von gestreckten schwarzen Schleifen überzogen. Mehrmals wird der Verkehr von Unfällen behindert. Krankenwagen bahnen sich einen Weg durch die Autokolonnen. Der Trübsinn des Himmels färbt auf die Landschaft ab. Die Straße durchschneidet Bergkuppen, die unter der harten Uniform des Betons erstarrt sind. Auch hier ist Istanbul: die andere Stadt, die neue, wildwüchsige Stadt, in der es im Winter kalt und matschig ist, im Sommer brennend heiß, entmenschlicht ist sie, baumlos, keine Gärten, keine Parks, keine Kioske – Byzanz und Konstantinopel sind fern –, nicht der geringste Hauch von freundlichem Leben. Weder Stadt noch Land, etwas anderes.

Über zig Kilometer hinweg sind Menschen und Maschinen damit beschäftigt, Lagerhallen aus dem Boden zu stampfen, Büros, Wohnungen und ein komplexes Straßennetz, das Tag für Tag ein wenig dichter wird. Hirten führen ihre Herden auf das Gras der Böschungen, die von den letzten Vorstößen der Bulldozer noch verschont geblieben sind. Am Straßenrand Männer, die einsam, mit gesenktem Kopf vor sich hinstapfen, auch Kinder. Die Stadionbaustelle passt in ihren Ausmaßen zu der schießenden Metropole um sie herum. 1500 Mann arbeiten seit Monaten ohne Unterlass. Lange vor der Fertigstellung trägt die Betonstruktur mit ihren mehreren Hundert Megapfeilern bereits Narben, regelrechte Spalten, die auf die jüngsten Erdbeben zurückgehen (nach den beiden Katastrophen von 1999 haben die französischen Bauunternehmer übrigens eine Soforthilfe für die Erdbebenopfer eingerichtet und in Düzce eine Krankenstation gebaut). Vom höchsten Punkt der Baustelle aus hat man einen herrlichen Blick auf die Umgebung, ein Gewirr von Hügeln mit eingebrochenen Kuppen, misshandelt und grau, sie erliegen ihrer Überlastung durch Slums, durch Gecekondus, durch illegale Siedlungen, und überall Minarette. Während im Westen die Stadien voll, die Kirchen aber leer sind, baut und füllt die Türkei ihre Stadien und ihre Moscheen im selben Atemzug.

*

Galatasaray ist nicht nur ein Fußballverein, sondern auch eine unter Bayezid II. auf Betreiben von Scheich Gül Baba im Weinberg von Pera gegründete Unterrichtsanstalt zur Erziehung der Serailpagen; Auf Anregung von Sultan Abdülaziz wurde sie unter der Leitung von Victor Duruy 1868 in ein türkisch-französisches Lyzeum umgewandelt, an dem morgens in französischer, nachmittags in türkischer Sprache unterrichtet wurde; verantwortlich war ein französischer Studienpräfekt.

Als Duruy, der Erziehungsminister des Second Empire, das Lyzeum gründet, untersteht in Konstantinopel das öffentliche Erziehungswesen schon seit 20 Jahren nicht mehr der Aufsicht der Ulemas. Die beiden Kaiserreiche einigen sich also darauf, ihre Kräfte zu bündeln, um einen gemeinsamen Einfluss aufzubauen mit dem Ziel, die staatliche Macht zu mehren und sehr frühzeitig seine Laizität zu stützen. Der Papst, die Bischöfe, Rabbiner sowie die Leiter der französischen katholischen Schulen der Stadt (Saint-Michel, Saint-Joseph, Saint-Benoît, Sainte-Pulchérie und Notre-Dame-de-Sion, genannt die *Cinq Saints*) versuchen sich der Eröffnung des Lyzeums zu widersetzen, doch vergeblich.

In den ersten Jahrgängen finden sich eine Mehrheit muslimischer Kinder sowie zahlreiche orthodoxe und katholische Armenier, Bulgaren und Juden. Sie alle werden von ihren Familien geschickt, die der Stadtelite angehören. Ganze Generationen hoher türkischer Beamter, große und kleine Wesire der *Technostruktur*, werden in dieser schnell zu hohem Ansehen gelangenden Einrichtung ausgebildet, dessen Lehre sich heute in einer gleichnamigen Universität fortsetzt.

Eines Morgens betrete ich das Galatasaray-Gymnasium in Begleitung eines ehemaligen Schülers. Es ist ein Ferientag, alles ist still. Die

Statuen im Garten, die Pausenhöfe und die Sportanlagen, die Klassenzimmer, der Zustand und die allgemeine Anordnung der Gebäude scheinen noch von ungetrübten pädagogischen Ambitionen geprägt. Pulte, Tafeln, geografische und historische Landkarten, alle Teile des traditionellen Mobiliars stehen in ihrem ursprünglichen Rahmen an ihrem Platz. Tadellose Klassenzimmer, altes Parkett, das nach Seife und Wachs riecht, lange Reihen von Kleiderhaken auf den Fluren, nüchterne Bücherregale, jeder Stock atmet dieselbe Atmosphäre, still und ernsthaft, offen für alle, aber anspruchsvoll. Denselben Eindruck werde ich bei meinem Besuch im Lycée Saint-Joseph in Kadıköy bekommen, wo ich an den unendlich langen Fluren, eine bis heute nie unterbrochene Kette, die Fotos und die Namen der Schüler vorfinde, von Anfang an jeder Jahrgang zur Beachtung aller, mitsamt Bestenliste und Ehrentafel, als hätte die Erziehung *à la française,* wie sie die laizistische Republik und die Religionsgemeinschaften im 19. Jahrhundert in gegenseitiger Konkurrenz praktizierten, in Istanbul neue Inspiration und eine dauerhafte Fortsetzung gefunden, die obendrein die gesamte Bevölkerung prägte. Ihr Einfluss betrifft auch die Stadien und Fanclubs. Denn die Gründung des Fußballvereins Galatasaray fand 1905 in einer Klasse des Gymnasiums statt. Dieser Ursprung in der Oberschicht hat dem Verein seinen Stil aufgeprägt, noch immer wirkt er einer verwestlichten, frankophilen Bourgeoisie verpflichtet, während Fenerbahçe sehr viel bodenständiger und weniger ausschließlich an die städtische Bevölkerung gebunden ist. Was aber die UltrAslan, häufig ehemalige Schüler des Galatasaray-Gymnasiums, keineswegs daran hindert, bei den Derbys gegen Fenerbahçe im Chor Elegien zu schmettern, die in keinem Zusammenhang mit ihrer humanistischen Bildung stehen – die folgenden Zeilen etwa wurden nach einer Niederlage der Gelben aus Fenerbahçe gegen Barcelona gedichtet:

Nach Europa seid ihr gezogen
und habt der Türkei nur Schande gebracht,
denn Barcelona hat euch Gelben
Feuer unterm Hintern gemacht![89]

VI
Und Lotis Seidenstickereien?

Heimliche Liebschaften, die Zirkassierin *Aziyadeh,* unheilvolle Liebschaften, die drei Schleier der *Entzauberten,* sein Zimmer im Haus der Ostrorogs, Konstantinopel als Stadt des Exils und der Erfüllung, das vollkommene Einvernehmen, Spaziergänge in Fatih, Fes auf dem Kopf und Gebetskette in der Hand, Sonnenflecken auf den Kaffeehaustischen, leiser Regen mancher Frühlingsmorgen ... Pierre Loti hat sich am Bosporus »eine Art Königswürde« erworben. Die Stadt hat sein Werk sublimiert. Loti[90] hat ihr das gerecht vergolten und unsere Fantasie mit ihrem Zauber genährt.

Ein unersättlicher Reigen von Landschaften und Gesichtern, eine Art, im Laufschritt zu reisen, sich seinen ersten Eindrücken hinzugeben, sich von den Schlangenbeschwörern betören zu lassen, in ihren Trommeln und traurigen Flöten das *universelle Lied des Todes* zu hören, das ist Loti[91], dieser Pilger der ganzen Welt, ein Passant, der immer wiederkam.

Er umwickelte sich bei seinen Reisen mit seinen Sätzen wie mit einem Schal. Abend für Abend tränkte er seine Worte in der Tinte der Depeschen. In Paris veröffentlichten die Zeitungen seine Postkarten. Wenn sie Frauen bestimmt waren, die sich nach ihm verzehrten, waren sie in der alten Sprache der höfischen Liebe verfasst. Doch waren dies nicht die packendsten. Die anderen richteten sich an die unermessliche Menge seiner daheim gebliebenen Leser. Loti ließ sie in seinem Gefolge in ein Universum von Luft und Schweigen eintreten. Die Welt, die weiter ist als die Welt und ein Spiegel der ältesten Trümmer des Menschen.

Kaum war er zu ewigem Staub geworden – er starb 1923 –, da salbte ihn die Nachwelt unter der Maske einer armen Verrückten, die in der Académie française nur zur besseren Vertuschung gesessen hatte. Und ab mit seinem Leichnam ins Massengrab des Exotismus. Die ersten Hiebe, noch mit stumpfem Degen, waren übrigens aus dem Lager ebendieser Académie[92] gekommen. 1924 erledigte ihn André Breton in seinem *Refus d'inhumer.* Und der Grabspruch? »Der Idiot.«

Damit ist der Jammer um Loti noch nicht am Ende. Eine ganze Generation sollte ihn mit Füßen treten, ohne es überhaupt zu merken. Paul Morand mit seinem niederschmetternden Tempo wird sich »allein der Reise an sich« verpflichtet sehen. Im Himmel über Venedig sieht er die ersten Sterne seiner türkischen Nacht aufsteigen. Und André Malraux bricht auf in die Gefilde Siams und Kambodschas. Die Welt gehört allen und zuallererst den Talentierten. Auf der einen Seite Dichtung frei von jeder Schlacke, die Wahrheit des Rhythmus, Jazz und lebende Buddhas, auf der anderen Seite Revolution, Kulis und Verschwörungen, kominternes Fieber und bohrende Fragen nach dem Wesentlichen. Loti ist eingeklemmt zwischen der jungen aufsteigenden Elite und den großen Alten (Hugo stirbt 1885), ihm geht die Luft aus. Die Ästheten, so sagt damals der Literaturkritiker Albert Thibaudet, lassen sich nur mehr auf zwei seiner zahlreichen Bücher ein, *Nach Isfahan* und *Im Zeichen der Sahara*[93], aber auch das nur mit geschürzten Lippen und unter dem Vorwurf, er hätte nichts begriffen.

Ein Schriftsteller muss seinen Büchern immer vertrauen. Die Veröffentlichung seiner Aufsätze, unverlegten Texte und seiner Tagebücher brachte Loti zurück auf den Platz, den er nie hätte verlassen dürfen, den eines unkonventionellen Schriftstellers voller Tatkraft und Weitsicht.

»Wird Europa begreifen«, so schreibt Loti im Jahr 1913, »dass Stambul, auf dem heute eine furchtbare Bedrohung lastet, ein Heiligtum der Kunst- und Dichtkunstgeschichte ist, das es um jeden Preis zu verteidigen gilt? (...) Sollte es nicht auch der Mühe wert sein (...), diese Wunder der Kunst zu bewahren, die die Türken in fünf Jahrhunderten ihrer Herrschaft angesammelt haben und die Konstantinopel in der Welt so einzigartig machen?«

Diese bereisten Länder, Stambul, Maskat, Kyoto, Rangun, alles beschreibt er mit einer Feder, der jeder Exotismus fremd ist. Wir lesen diese Texte wie die eines Weltenkämpfers. Loti fürchtet um die

Zukunft aller dieser Städte, der großen und der kleinen, die von dem »kohleverpesteten Atem des Okzidents« bedroht sind, von dem »Touristenstrom«, die geplündert werden von der »großen Krake *westliche Kultur*«, von den »neuen Eroberern« in Müllhalden verwandelt, weil deren Industrien ihren Abfall auf ihre Ufer speien. In einem Atemzug verklagt er »die idiotischen Industriellen«, das Massaker an den Annamiten und »unsere koloniale Zivilisation«.

Einige Jahre später kann Morand schreiben: »Vielleicht kommt einmal ein Tag, an dem es nicht mehr Orient und Okzident gibt, sondern ein einziges elendes Erdenvolk.« Und Malraux gründet in Saigon die Untergrundzeitung *L'Indochine enchaînée* und durchsucht die vergangenen Kulturen nach unseren ältesten Erinnerungen. Danke, Loti!

VII
Von Völkern und Göttern

Manchmal hört man sagen, Istanbuls Herz sei von Gott erfüllt, und die Gegenwart des Allerhöchsten habe dort etwas Körperliches, als wäre die Stadt ein Auge am großen göttlichen Leib: all diese plätschernden Quellen, die Blumen und die Trauben auf den Mosaiken, und das Wasser des Bosporus, in dem das Grenzenlose des Lichts dahinfließt. Dass alle Völker *lechzend*[94] in diesen ersten Orient kamen, der lange auch Hauptstadt und Konservatorium Europas war, lag nicht nur daran, dass die Stadt so königlich auf dem äußersten Rand zweier Kontinente thront, dass hier Asien und Europa zusammenfließen, wie man sagt. Es gab noch einen anderen Grund. Vielleicht ein Flügelschlagen in der Luft. Der Himmel aber: Gehörte er zu Asien oder zu Europa? Bewohnt jedenfalls war er, durchzogen von den mystischen Schwadronen von Seraphim und anderen Mächten, die nacheinander über die Stadt hinwegglitten. Byzantinische Engel mit drei Flügelpaaren, mazdaistische Engel, Legionen geflügelter Huris gleich denen, die um die Königin von Saba tanzten, zoroastrische Erzengel, immer zu siebt, koranische Engel, die der Bibel entflogen schienen. Jeder weiß, wie sehr sich die Menschen die Stadt im Namen Gottes streitig machten. Asien, erhoben und aufrecht stehend hinter dem grünen Banner des Islam, der in der seit dem 3. Jahrhundert christianisierten *Arabia felix* gegen die Macht Roms und ihrer imperialistisch gewordenen Religion entstanden war. Mohammed gegen Christus, *Dschihad* gegen *Credo*[95]. Und am Ende die Blutströme in den Straßen bis zum Bosporus hinunter, und die Kirchen, die in Moscheen umgewandelt wurden. Doch die Gräuel im Namen Gottes dauerten nicht an. Die Osmanen befreiten sich schnell aus dem Gefängnis der wörtlichen Auslegung, die Gesetzestreue wandelte sich häufig zur »Gnosis, zum Wissen und zum Leben«[96] und schützte die Gewissensfreiheit in den eigenen vier Wänden (und sogar im Palast: Ein Pascha griechischer Herkunft rief auf dem Sterbebett die Jungfrau Maria an). Und als der Jude Sabbatai Zwi[97] sich zum Messias erklärte und damit erhebliche öffentliche Unruhe stiftete, wurde er verhaftet und genötigt, sich zum Islam zu bekennen, doch »seine Anhänger, die Sabbatianer (auch *Dönmeh,* die Konvertierten, genannt), sollten noch drei Jahrhunderte lang existieren, ohne dass sie jemals die schrecklichen Verfolgungen erleiden mussten, denen die spanischen *conversos* ausgesetzt waren«, und es hieß daher, Istanbul, die islamische Hauptstadt, sei auch »eine Hauptstadt des Irrglaubens«[98].

*

Mondschein wabert im Schwarz der Wolken und fällt auf den Friedhof der Moschee von Eyüp. Elfenbeinernes Licht überzieht die Gräber und den Marmor der Mausoleen. An der Parkplatzausfahrt erst eine doppelte Reihe ambulanter Verkaufsstände, dann durchlöchert quer über die Straße ein Leuchtband *(Eyüp Ramadan)* den Schatten rund um den alten Caféschuppen von Metin Heper, auch Sultan von Eyüp genannt. Dieser Hypnotisator, eine in der ganzen Stadt beliebte Gestalt, hat 50 Jahre lang Pilger und Spaziergänger in seiner Kneipe empfangen. Er ist kürzlich gestorben, und die Stadtverwaltung hat den Strom abgedreht und rote Siegel an die Eingänge seiner Gaststätte gehängt, nachdem sie von Banditen besucht worden war, die die Scheiben zerschlagen, aber die Fotos des alten Hausherrn verschmäht hatten. Rund um die Moschee und bis an die ersten Gräber heran stehen elektrische Kerzen, Lampiongirlanden, kleine flackernde Flammen. Eine alte Platane, die von Scheinwerfern brutal erleuchtet wird, streckt ihr gescheckte Astwerk dem Dunkel entgegen. Familien haben auf dem Gras Teppiche ausgebreitet und ihre belegten Brote und Thermosbehälter mit Linsensuppe herausgeholt. An diesen ersten Dezembertagen hat es noch keinen Kälteeinbruch gegeben, und der Wind trägt vom Marmarameer beinahe laue Luftstöße herüber. In der Moschee drängen sich in dichter Folge die Männer, um vor dem Grab Eyüps zu beten. Wie sagte doch Malraux: »Der Islam ist eine Stadt rund um eine Moschee; das Christentum eine Stadt rund um eine Kathedrale;

Benares eine Stadt am Ufer eines reinigenden Flusses.«[99] Die Moschee von Istanbul, seine *terra sancta,* ist Eyüp.

Der Fall Konstantinopels von 1453 beginnt mit einer islamistischen Ansprache Mehmeds an seine Truppen unmittelbar vor dem endgültigen Angriff. »Um den Fanatismus der Soldaten aufzureizen, zogen Derwische betend durch das Lager. Überall hörte man den Kriegsruf des Islam: ›Es ist kein Gott außer Gott, und Mohammed ist sein Prophet.‹«[100] Kaiser Konstantin[101], der insgeheim von dem bevorstehenden Angriff in Kenntnis gesetzt wurde, feierte in der Hagia Sophia die Eucharistie und lief von einem Stützpunkt zum nächsten, um den Belagerten im Namen Christi Mut zuzusprechen. Er stirbt Tags darauf, als er sich mit erhobener Waffe dem Strom der Janitscharen entgegenstellt. Erst am Abend erkennt man seinen Leichnam an den purpurnen, mit Adlern bestickten Stiefeln. Sein Haupt wird am Fuß der Justinian-Statue neben der Hagia Sophia zur Schau gestellt. Noch am selben Tag schlägt Mehmed in einem Franziskanerkloster sein Lager auf. Die Niederlage gilt als Zeichen des Himmels. Gott hat die Seinen unter den *gazi* erwählt, den Kriegern für den islamischen Glauben, und manche griechischen Priester erkennen das gleich und übernehmen die Religion der Sieger. Um das zweite Rom ist es geschehen; die Osmanen haben allerdings noch ein Legitimationsproblem zu lösen. Können sie eine Verbindung zu den Nachkommen Mohammeds aufweisen? Nein. Fließt arabisches Blut in ihren Adern? Nicht ein Tropfen. Glücklicherweise kommt es wenige Monate später dazu, dass der Mehmed nahestehende Scheich Akşemseddin träumt, ein Engel führe ihn zur Nekropole Eyüps, eines Jüngers des Propheten, der 669 bei einem Feldzug gegen das byzantinische Reich am Fuß der Mauern von Konstantinopel gefallen ist. Der Engel gibt genaue Anweisungen. Man brauche nur zu graben, um neben den Gebeinen des Heiligen auf eine Quelle und eine weiße Marmorplatte zu stoßen, die eine hebräische Inschrift trägt. Alles geschieht nach den Worten des Engels im Traum, und die Reliquien des Märtyrers werden freigelegt. Über Eyüp stellt Mehmed eine Verbindung zu Mohammed her. Das alte Byzanz kann eine der heiligen Städte des Islam werden und die Osmanen ihr kaiserliches Geschlecht. Der Stadt fehlt nun nur noch ein islamischer Taufname: Islambol, »wo der Islam reichlich ist«.

*

Apropos *Islambol:* ein kleiner Exkurs zu den verschiedenen Namen der Stadt. Die Megarer, die die Mutterstadt gründeten, tauften sie Byzantion nach ihrem Anführer Byzas. Serben, Bulgaren und Russen nannten sie *Carigrad,* die Stadt des Kaisers (des Zaren), die Armenier *Gostantnubolis,* die Stadt Konstantins, die Griechen *Polis, die* Stadt, als gebe es nur eine (und in den Maschinen griechischer Fluggesellschaften sprachen die Stewardessen noch bis vor Kurzem von *Konstantinoupolis.* Eine diplomatische Rüge, verbunden mit der Androhung eines Landeverbots in Istanbul, hat dieser Praxis ein Ende gesetzt). Im Arabischen sowie in der osmanischen Verwaltungssprache heißt es *Kostantiniyye.* Das literarische Osmanische sagt *Der-i saadet,* Haus der Glückseligkeit. Das Türkische verwendete bereits vor der Eroberung einen Ausdruck, der aus der Verfremdung des griechischen εις την πόλιν *(eis ten polin,* in die Stadt*)* entstanden ist. Die Stadt trug noch weitere Namen: Stambul, Haus des Kalifen, Pforte der Glückseligkeit, Auge der Welt, Neues Rom, Neues Jerusalem.

*

Dunkelheit umhüllt die Straßen und Häuser von Fatih. Dies ist das Viertel, wo der Islam reichlich ist. Viele schwarze Schatten, bis an die Knöchel verschleierte Frauen, oft in Gruppen von zwei oder drei. Auch viele bärtige Männer, die mit ihren der Moschee widerstrebenden Mitbürgern nicht immer sehr freundlich umgehen, aber bei Sonnenuntergang leeren sich die Gassen. Volieren ohne Vögel. Die Handwerker schließen ihre Läden, die Kinder gehen heim zu ihren Müttern. Ich verlaufe mich im Gewirr der plötzlich so stillen Straßen und folge den Männern, die sich in Trauben dem Eingang einer Moschee ohne Minarett zuwenden. Die Macht der Dämmerung: die Stunde des Gebets in der *tekke,* dem Kloster der Dscherrahi, eines nach dem türkischen Sufi-Mystiker Nureddin al-Dscherrahi benannten Ordens. Über den Umweg der Gärten dringen Stimmen bis auf die Straße, die Koransuren psalmodieren. Einmal im Inneren des Gebäudes, ziehe ich meine Schuhe aus, und der Imam, der von meinem Kommen weiß, lädt mich in einem Raum zum Sitzen ein, der mit Sesseln und Sofas möbliert und vom Gebetssaal durch eine Glaswand getrennt ist, deren Tür weit offen steht. Kurz angebundene Höflichkeit, aber Höflichkeit. Jenseits der Scheibe knien an die 200 Männer auf Teppichen. Alle tragen sie auf dem Kopf die gleiche weiße Leinenmütze. Der Scheich leitet das *zikir*, das Rezitieren von Litaneien zur Ehre Allahs, und gibt den Rhythmus vor. Er liest Texte in der Sprache des Propheten, nur seine letzten Worte, die eines einzigen, unendlich wiederholten Gebets, sind türkisch: »Gott segne die Gläubigen, Gott der Allerbarmer verleihe unseren Toten einen Platz im Himmel …« (aber wenn ich Baris Aslan glaube, einem Studenten vom Galatasaray, der mich widerwillig begleitet hat: »… Gott helfe unseren Kaufleuten, ihre Schulden zu bezahlen« und Ähnliches). Die Gläubigen hocken auf ihren Fersen und wiederholen laut jeden Satz, wie eine lange Liebesklage, dabei wiegen sie den Kopf, neigen ihn erst auf die linke Schulter, dann auf die rechte, eine stetige Bewegung, fließend und gleichmäßig, deren Fortlauf sie allmählich von sich selbst entfernt und sie Gott näher bringt.

Nach dem Zikir Essen für alle Angehörigen des Ordens. Ich werde eingeladen, das Mahl zu teilen (Tomatensuppe, Kartoffeln mit Rindfleisch, Mandelgebäck, dazu kochend heißer Tee), etwa 20 religiöse Respektspersonen nehmen es in einem abgetrennten Raum ein. Kaum haben sie im Kreis auf mehreren übereinandergelegten Teppichen Platz genommen, als der Scheich schon das Gespräch auf seine letzten Ferien bringt, die er in Erzurum verbracht hat. Zu meiner Rechten ein alter Mann mit einwandfreiem Gebiss, Imam einer Moschee in Kadıköy. Mein Gespräch mit dem Scheich bricht schnell ab (Ibn Arabi, Rumi, Johannes vom Kreuz), aber mein Nachbar lässt mich dringlich wissen, wie gut er über Jesus denkt, den Propheten des Islam, um das vorher Gesagte wiedergutzumachen.

Nach Fatih gibt es Bier und Rakı in einer Schenke beim Galataturm. Elektromusik, Schummerlicht, ein paar Tische mit einzelnen Mädchen. Baris erzählt dem Wirt, Omer, einem ehemaligen Matrosen, dass wir eben in der Nureddin-*tekke* waren. Er stutzt und starrt mich verblüfft an: »Hattet ihr nichts Besseres zu tun?«

*

Das byzantinische Kaiserreich oder der Dreibund: der Geist Griechenlands, die Politik Roms und das *Credo* des Christentums[102]. Alexanders Erbe hatte unter der römischen Vorherrschaft Früchte getragen, Rom war mit Alexandrien verschmolzen, dann folgte der byzantinische Christus der Hagia Sophia, der Pantokrator, der in der orthodoxen Vorstellung Sohn und Vater versinnbildlicht, und, nicht zu vergessen, auch die Nägel der Passion und seine schrecklich menschlichen, traurigen Gesichtszüge zeugen davon – trotzdem wurde er Herrscher der Welt und irdischer *basileus*, und die Griechen, welche das Fest ihres kaiserlichen Heiligen feiern, so Gibbon, »erwähnen selten den Namen des Konstantin, ohne den ehrenvollen Titel eines ›Mitgenossen der Apostel‹ hinzuzufügen.«[103]

Christus, das Abzeichen von Gottes Macht und Schwäche, war wieder schwieriger zu begreifen. Konstantin hatte das Kreuz auf die Helme und Schilde seiner Soldaten prägen lassen, und ein kaiserliches Feldzeichen, das *labarum*, zeugte vom Triumph des Kreuzes. Es »wird uns als eine lange von einem Querbalken durchschnittene Stange beschrieben. In den seidenen Zeug, welcher von den Seiten herabhing, waren die Bildnisse des regierenden Monarchen und seiner Kinder eingewirkt. An der Spitze der Pike befand sich eine goldne Krone, welche das geheimnisvolle Monogramm in sich schloss, das zugleich die Figur des Kreuzes und die Anfangsbuchstaben des Namens Christi darstellte. (…) Aber als die ausgearteten Nachfolger des Theodosius aufgehört hatten, in Person an der Spitze ihrer Kriegsheere zu erscheinen, wurde das Labarum als eine ehrwürdige, aber unbrauchbare Reliquie in dem konstantinopelitanischen Palast aufbewahrt.«[104]

Trägheit eines alternden Reiches, erste Ermüdung (oder Pubertätskrise) einer Religion, die an die Macht der neuen Cäsaren gebunden ist, sich aber von ihrer Gründungsbewegung entfernt hat und von den Flammen eines Skandals, der den ganzen Orient in Brand gesetzt hatte, als Johannes, »der Jünger, den Jesus lieb hatte«, ans Ufer von Ephesus kam, um den Schatten des Schmerzensmanns weiterzutragen[105], während Paulus von Tarsus die Liebe pries als einzigartige, vollkommene Eigenschaft, »so vollkommen wie am Ende der Zeiten die unmittelbare Schau der Lichtgestalt Gottes«[106].

Mehmed II., der die griechische Kultur mochte und einen Sinn für seine eigenen Interessen hatte, nutzte nach der Einnahme Konstantinopels die Uneinigkeit zwischen Anhängern und Gegnern des Papstes, um das ökumenische Patriarchat von Konstantinopel wiederzuerwecken, das seit dem 4. Jahrhundert über das Geschick der orthodoxen Kirche bestimmte. »Es war ein Handel. Der Sultan schützte den Patriarchen vor den rivalisierenden slawischen Kirchen und vor den fanatischen Moslems. Im Gegenzug half der Patriarch bei der Eintreibung der Steuern für den Sultan und garantierte grundsätzlich die Treue der Griechen. (…) Konstantinopel diente bei Gelegenheit geradezu als Tor in der Mauer, die Islam und Christenheit voneinander trennte. (…) Mehmed II. holte auch eine weitere christliche Bevölkerung nach Konstantinopel: die Armenier.«[107]

In den Straßen von Istanbul wird offenbar das alte christliche Gebet immer leiser geflüstert, während von der Fatih-Moschee her, die weiterhin auf Eroberungszug ist, solide auf ihren Fundamenten steht und von einer unermüdlich frommen Menschenmenge besucht wird, die Rufe des Muezzins tönen, deren Hall bis ins alte griechische Viertel über dem Goldenen Horn vordringt. Ich lasse mich träge durch die Gassen von Fener[108] hinuntertreiben. 1000 orthodoxe Griechen leben noch in Istanbul, und fast alle in diesem Viertel ohne Energie und Kapital. 1000 oder der Bodensatz einer Masse. Von Alexandria nach Konstantinopel ist Griechenland ein einziges Schrumpfleder. Verlassene Patrizierhäuser, unter Glyzinienurwald verwucherte Gärten, ausgeweidete Ziegelmauern, eingestürzte Gesimse. Kein Hupen, keine Betriebsamkeit, kein Rufen. Nur eine zerstreute, regsame Hingabe an den Alltag. Die Schwellen bescheidener Wohnblöcke dienen den Frauen als Sitzplatz beim Gemüseschälen und den Männern zum Holzhacken mit der Axt, auf dem Rücken schleppen sie in geflochtenen Kiepen die Scheite in die Wohnungen hinauf. Greise spazieren um ihren Bau, über ihren Gehstock gebeugt. Ein Stück weiter begegne ich dem Fischhändler, die Hände an den Griffen seines Wagens. Ein Mann sortiert Weintrauben mit großen goldenen Beeren. Ein Briefträger, Schirmmütze auf dem Kopf, läuft mit seiner Post in den Armen umher. Vom Ufer aus erkenne ich die rote Kuppel des griechischen Gymnasiums und die Gebäude des Phanar, dem Sitz des orthodoxen Patriarchats, wo Patriarch Bartholomäus residiert, ein hoch geschätzter Mann im Schwarm seiner Popen mit den unterschiedlichsten Interessen. (Bei der griechischen Revolution von 1821 hatte eben hier, in einem Korridor, der von der Straße in den Innenhof führt, der Großwesir Benderli Ali Pascha den Patriarchen Gregor V. an den Nägeln des Palasttors erhängen lassen.) In den kleinen Kirchen dieses Viertels herrscht überall dasselbe Zwielicht, angeschlagene Ikonen, staubbedeckte Kerzenleuchter, verlassene Lektionare und allzu schweigsame Engel. Kein Gläubiger, nicht auch nur das Glitzern einer Soutane (aber sonntags war ich nie dort), nur ein paar Gespräche mit Küsterinnen, die ohne Ausnahme alle aus Antakya stammten, der antiken syrischen Stadt Antiochia, in der zum ersten Mal Menschen als Christen bezeichnet wurden (Apg. 11, 26). Im Munde dieser bodenständigen Bäuerinnen mit blauem Kopftuch, die glücklich sind, ihre Krypten und heiligen Quellen vorführen zu dürfen, die immer gleiche Litanei der Klagen: Die Dächer sind undicht (»Irgendwann ist endlich mal jemand vom Patriarchat da gewesen, er hat die Arme zum Himmel erhoben: ›Was soll ich denn machen, in meiner Küche ist es genauso, sobald es regnet, kommt das Wasser herein …‹«), es fehlt an Geld, heimlich werden Teppiche oder Ikonen verkauft, um die allzu dringlichen Ausgaben auszugleichen, die Feindseligkeit der Nachbarn (»Mein Sohn Iannis musste sich prügeln, sehen Sie seine Hand, für immer kaputt, zwei krumme

Finger, sie hatten eines Abends kleine Bomben in den Hof geworfen, um uns Angst einzujagen …«), ein allgemeines Gefühl der Verlassenheit (»Wir haben bloß noch einen alten, kranken Popen, seit zwei Monaten hat er keine Liturgie mehr abgehalten …), und der Eindruck, die letzten Tage seien nicht mehr fern[109].

Als ich an den versperrten Zaun der bulgarisch-orthodoxen Kirche Sankt Stefan komme, einem Bau der Moderne, neugotisch, grau, dessen einziger Charme darin besteht, dass er praktisch im Wasser des Goldenen Horns steht, steigt gerade ein beleibter Mann aus dem Keller eines einigermaßen verfallenen Hauses gegenüber der Kirche, auf dessen Giebel bulgarische Inschriften stehen, offensichtlich eine ehemalige Schule. Ich frage ihn, ob ich die Kirche besichtigen könne. Ohne ein Wort und ohne ein Lächeln holt er einen Schlüsselbund aus der Hosentasche und schließt mir das Gartentor auf. Im Park Gräber von Metropoliten. Ganz hinten im Garten hinter der Kirche die Kais und das Goldene Horn. An dessen anderem Ufer Hafenkräne. Der immer noch stumme Mann tritt zu mir und weist auf Bodensenkungen. Die bulgarische Kirche versinkt im Schlamm. Der Innenraum eher kühl, Gips, Schnitzereien, viele eiserne Pfosten, und all diese Materialien erzählen über die Jahre hinweg die eigenartige Geschichte dieses Gotteshauses. Als die bulgarische Kirche sich 1871 von der Schirmherrschaft des griechischen Patriarchats von Konstantinopel emanzipierte, ließ sie mit Befürwortung des Sultans (aber trotzdem nicht ohne Schwierigkeiten, zwei hohe bulgarische Persönlichkeiten wurden vom Patriarchat festgenommen und auf dem Berg Athos interniert) ihre eigene Kapelle errichten, ein Holzbau, der einem Brand zum Opfer fiel. In dieser Zeit war Istanbul auch die Hauptstadt des Balkans und die Stadt mit der größten bulgarischen Bevölkerung. »Wie seit Jahrhunderten brachten jeden Frühling zwei- bis dreitausend Bulgaren (…) in braunen Jacken und Schafspelz ihre Ziegenherden in die Stadt. Im Sommer arbeiteten sie auf den umliegenden Feldern als Milchhändler oder Gärtner – und sie quälten die Passanten mit ihren schrillen Dudelsäcken«, berichtet Philip Mansel. Nach dem Brand gestattet der Sultan den

Neubau einer größeren Kirche, freilich unter der Bedingung, dass die Bauarbeiten nicht länger als 24 Stunden dauern. 1898 werden die Bauteile einer Kirche in Wiener Werkstätten vorgefertigt, über die Donau bis vor Konstantinopel verschifft und in einer Nacht zusammengefügt, ohne dass dabei auch nur eine Schraube oder eine Mutter nötig gewesen wäre.

*

Der erste bulgarische Bischof, Sokolski, ist in Tarabya in der Residenz des russischen Botschafters zu Gast, der ihn zu einer Kajik-Fahrt auf dem Bosporus einlädt. Er wird nie zurückkehren. Manche behaupten, er sei auf die Krim verschleppt worden und dort in Gefangenschaft umgekommen. Andere sagen, er sei zum orthodoxen Glauben zurückgekehrt. Man habe sein Brevier gefunden und darauf diese Inschrift von seiner Hand: »Ich sterbe katholisch.«

*

Konsequenz der Hohen Pforte. Mehmed hatte die Existenz des orthodoxen Patriarchats gefördert, als Gegenspieler zu Venedig und Rom. Im 19. Jahrhundert nehmen seine Nachfolger 100 000 Emigranten auf, darunter zahlreiche Flüchtlinge aus West- und Mitteleuropa, viele Polen und Ungarn. Diesmal richtet sich die osmanische Politik gegen Moskau und Wien, folgt aber noch immer demselben Grundsatz: Die Feinde unserer Feinde sind unsere Freunde. Noch eine Exilgemeinde, zusätzlich zu den Einwanderern vom Balkan (Bulgaren, Montenegriner), den Franzosen, den Briten, Deutschen[110], Polen, Italienern und Griechen, die seit Langem in Konstantinopel leben. Und das Paradox: Über ein paar Jahrzehnte hinweg und zum ersten Mal seit 1453 ist die Stadt mehrheitlich christlich. Das dynamische Pulsieren der Völker, Sprachen, Energien, Stile und Künste, die stets in Konkurrenz gesetzten Götter, die alle tunlichst ihr Bestes geben müssen, die Gutmütigkeit, die von der Vergangenheit herrührt und auch von vergebenen Verbrechen, die Fähigkeit zur Versöhnung (die durchaus auch Züge der Ernüchterung trägt), die Art und Weise, sein Antlitz nicht bloß auf dem Marmor der Grabsteine zu suchen[111], zu wissen, dass es auch anders geht als nach der eigenen Gewohnheit, nach der seiner Eltern, zu essen, zu lieben, zu beten, sich so einzurichten, dass das Sterbliche vom Leben verschlungen werde, wie Paulus sagt (2. Kor. 5, 4), der völlig unverfälschte Direktzugang zur Farbpalette der Welt, ohne einen Fuß vor die Stadt setzen zu müssen – das war Kosmopolitismus, das war Konstantinopel. Nichts von alldem findet sich in der Globalisierung wieder, nur die Gleichförmigkeit des Materiellen und der Gewohnheiten, dieselben Nikes und dieselben Kondome für alle, der verdreckte Charme von Ruinen ohne Vergangenheit, überall wurden die Stoppuhren der Geschichte gleichzeitig auf dasselbe Normalnull gestellt, die Menschen abgeschnitten von der Gemeinschaft der Welt und Gottes und der Glaube verräumt ins Ersatzteillager (in der Minimalversion, in Portionen, die gerade zum geistlichen Überleben reichen), oder aber, was ungefähr auf dasselbe hinauskommt, in den Waffenschrank der Mafiosi, die das Unglück scheibchenweise unters Volk bringen.

Die Hagia Sophia, frühmorgens, um das Grab Dandolos aufzusuchen, des venezianischen Dogen. Die Dogen und Konstantinopel: eine lange Geschichte. Morand hat die von Marcantonio Bragadin erzählt[112], der im 16. Jahrhundert nach einer langen, schweren Belagerung die Stadt Famagusta den Türken überließ. Sein Bezwinger lädt ihn zum Essen ein. Er erscheint unter einem roten Sonnenschirm, »dem asiatischen Symbol der Lehnsherrlichkeit«. Der verärgerte Pascha lässt ihn an seinem Tisch ergreifen, ihm Nase und Ohren abschneiden, er wird bei lebendigem Leib gehäutet, seine mit Stroh ausgestopfte Hülle unter einem roten Sonnenschirm auf einem Ochsen reitend zur Schau gestellt und nach Konstantinopel verschifft (nach der Schlacht von Lepanto werden die Venezianer sie wieder nach Hause überführen). Übel ging dieses Gastmahl aus. 300 Jahre zuvor steht Enrico Dandolo, blind und über 90 Jahre alt, an der Spitze des vierten »Kreuzzugs«, den die Venezianer gegen den Kaiser von Konstantinopel durchführen; am 1. Juni 1205 stirbt er während eines Nachhutgefechts an Entkräftung. Bei ihrer Heimkehr in die Paläste am Canale Grande lassen die Venezianer den Leichnam des Dogen in den Mauern der Hagia Sophia zurück (und außerdem ein kurzlebiges Lateinisches Kaiserreich sowie einige entsetzliche Erinnerungen an ihren Aufenthalt, so etwa die betrunkene Prostituierte auf dem Thron des Patriarchen, die sie auf Hymnen der Ostkirche obszöne Lieder hatten singen und tanzen lassen[113]). Aber sie nehmen die Quadriga mit, die zunächst einen römischen Triumphbogen krönt, dann über der Pferderennbahn thront und schließlich zum Leichnam des Evangelisten Markus, den zwei Kaufleute in einem Fass Pökelfleisch aus Alexandria herausgeschmuggelt hatten, nach Venedig kommen sollten, wo die Pferde heute auf dem Giebel der Basilika San Marco tänzeln[114]. Dandolos Grab findet sich auf der rechten Frauenempore unter einer Grabplatte, die Gruft soll freilich leer sein. Als der Maler Gentile Bellini nach Konstantinopel kam und Mehmed II. Fatih porträtierte (welcher damit die Grundsätze der *Scharia* mit Füßen trat), schenkte ihm der Sultan Waffen und Rüstung des Dogen, und vielleicht gab er ihm auch heimlich seinen Leichnam zurück.

Istanbul und Venedig, geeint durch Arbeit, Handel, Vergnügen, aber auch durch das, was sie eigentlich trennte: Tod, Meer und Krieg.

Und durch die Maler. Was sieht man auf den Gemälden der Renaissance, die in den Palästen des Canale Grande geschaffen wurden? Bei Bellini, aber auch bei Carpaccio? Und bei Dürer, der sich zeitweise ebenfalls in Venedig aufhielt? Madonnen mit Kind, Heilige unter dem Martyrium, ja, aber auch tapfere Kaufleute oder Diplomaten aus Istanbul, die an ihren Turbanen zu erkennen sind (wenn sie nicht aus Istanbul kommen, dann aus Alexandria).

In der Hagia Sophia herrscht der Kosmopolitismus des Steins: weißer Marmor aus Rom, aus Delphi und aus Baalbek (von den Tempeln), rote Porphyrsäulen (aus dem Gymnasion am Hafen von Ephesus, das sie bereits aus dem Sonnentempel in Heliopolis entliehen hatte), hellgrüner Marmor von der Insel Euböa, gelber Marmor aus Afrika (numidische Steinbrüche) und so weiter. Die ganze Palette der Farben der Erde. Und die Inschrift auf den Mauer- und Dachziegeln: »Gott ist in ihr«.

Große Auslagen am Eingang der Blauen Moschee: Es ist Büchermarkt. Wer islamische Schriften und Enzyklopädien vertreibt, hat hier seinen Stand.

Nachtszene an der Süleyman-Moschee, die ihr Erbauer Sinan als sein Gesellenstück bezeichnete. Auch unter den Schwaden des Dunkels strahlt das Gebäude noch die ganze Kraft des imperialen Islam aus. Die Mauern hoch aufgerichtet wie ein Festungswall, die in die Dunkelheit gereckten Arme der Minarette, jedes mit seinen neongrünen Armbändern. Heimweg über die Hagia Sophia, schwer lastet die Nacht auf ihr. Auf dem Hippodrom der Jahrmarkt zum Ramadan, Buden, über die Straße gespannte Seile für Seiltänzer, und in einem Kiosk mit einem Halbmond auf dem Dach der Zuckerwatteverkäufer.

*

Messe in Saint-Louis-des-Français, heute die Kapelle der französischen Botschaft und älteste römisch-katholische Kirche in Beyoğlu, der Zelebrant ist Kapuzinermönch. Keramikblaue Augen, ein ziemlich langer, spitzer weißer Bart, schütteres Haar, lange Finger, eine Gestalt wie ein zerbrechliches Schilfrohr, gewappnet ist er innerlich, außen gewollte Diskretion: Pater Aloys ist 1959 nach Istanbul gekommen und nie wieder gegangen. Die Kapuziner ließen sich 1626 in Galata nieder und gründeten in der Nähe des Palais de France, einst Residenz des französischen Botschafters, eine Schule. Unter ihren Schülern viele Söhne von Dragomanen im Dienste Großbritanniens, Venedigs und Frankreichs. Dragomane waren Dolmetscher, die die europäischen Kaufleute und Diplomaten unter den angesehenen Familien in Galata rekrutierten, die Fornettis, Grillos, Olivieris und so weiter. Das Wort stammt, wie so viele, aus dem Aramäischen *(teraïman)*. Der Einfluss der Dragomane auf die Beziehungen zwischen den westlichen Mächten und der Hohen Pforte war gewichtiger als die Worte allein. Venture de Paradis[115] schrieb später, dass die Botschafter und Konsuln sich wegen der sprachlichen Schwierigkeiten nach der Antrittsaudienz nicht mehr im Palast zeigten, sondern die Lösung ihrer Probleme den Dragomanen überließen. Bereits 1551 entsendet Venedig (wieder Venedig!) junge Leute nach Konstantinopel, die der Senat als Dragomane ausersehen hat. Dann vereinen die Handelskammer von Marseille und Colbert ihre Kräfte, um eine ähnliche Institution französischer Prägung zu schaffen: die *Ecole des jeunes de Langues,* Vorläufer des heutigen Instituts für Orientalistik INALCO oder Langues O'[116]. Der Schulbetrieb wandelt sich im Laufe der Jahrhunderte. Einmal werden französische Kinder unter Übernahme sämtlicher Spesen geschickt, über Wasser oder über Land – dazu werden Lasttieren Binsenkörbe an den Packsattel gebunden (zum Reiten sind sie zu jung) –, zum anderen übernimmt die Schule die Ausbildung junger Orientalen oder junger Franzosen aus im Orient ansässigen Familien. Das alles war eine Übergangslösung, bis später jungen Orientalen Stipendien gewährt wurden, damit sie an der Pariser Eliteschule Louis-le-Grand studieren konnten. (In Wien hatte Maria Theresia 1754 die Akademie für orientalische Sprachen gegründet, die den Diplomatennachwuchs ausbildete.)

Das Leben eines *»Jeune de langue«:* Festgelage bei seiner Ankunft am Bosporusufer, bei dem der Bordeaux-Wein recht großzügig fließt, Unterbringung und Studium in einem Nebenbau des Kapuzinerklosters, auf dem Stundenplan Türkisch, Arabisch, Persisch unter der Leitung eines *hodscha,* des geistlichen Lehrers, Kalligrafie mit dem Kalamos, Schwimmen im Bosporus, Jagd im Kağithane-Tal und im Belgrader Wald, Botschafterbälle (in der Botschaft von England jeden Dienstagabend). Es gibt Schlimmeres.

*

Ein seltsames Spektakel sonntagsmorgens auf dem Istiklal, wenn man Gruppen von vier oder fünf Schwarzen von einem Gottesdienst zum nächsten laufen sieht, als müssten sie unbedingt ihre Ehrerbietung zwischen allen christlichen Gemeinden an dieser Straße aufteilen. *Kyrie* und *Gloria* in der Marienkirche, *Credo* und Kommunion in der Antoniuskirche, Fürbitte und Geplauder mit dem Priester oder Pastor in den hinteren Reihen der englischen und schwedischen Kapellen; ihre liturgische Runde schließt sich, da jeder Gottesdienst leicht zeitversetzt stattfindet, in etwas unter zwei Stunden. Manche sind Christen (alle Äthiopier, Senegalesen, Kenianer), andere Muslime (Sudanesen, Tansanier und so weiter), manche glauben an nichts, aber keiner hat Papiere. Sie gehören zu dem großen Volk der Illegalen – eine Million administrativer Schattenexistenzen nach Angaben der türkischen Verwaltung[117], Afrikaner, Kurden, Rumänen, Bulgaren, Ukrainer, alle warten sie auf die Auffahrt ins *Paradies* des Westens.

Ihre Teilnahme an den Gottesdiensten und die Kontakte, die sie dort mit Wohltätigkeitsvereinen knüpfen, verschaffen ihnen den Trost freundlicher Worte und einer Mahlzeit (die Äthiopier treffen sich zum gemeinsamen Essen) und manchen auch die Hoffnung, die Vorsehung auf ihre Seite zu holen. Dieselben Leute trifft man abends in den unzähligen Bars oder Nachtclubs, in Kellern und oberen Stockwerken in den Seitenstraßen des Istiklal Caddesi, mitten unter dem Istanbuler Tanzvolk, Rappern, Schwulen, Transvestiten, Tscherkessen, Lasen, Kurden, Aleviten. Überall erklingen ihre Gesänge bis zu der Stunde, in der der Mensch in der Trunkenheit von Elixieren und Erschöpfung sich am Ende doppelt erfährt.

*

Eine Weinlaube reckt Stöcke und Reben quer über die Straße. Ein paar Greise auf Hockern dösen im Schatten. Die Rufe eines Verkäufers von Marmara-Sardellen, der langsam die Straße heraufsteigt, füllen die Stille: »*Hamsi! Hamsi!*« Ein bis oben mit Zitronen beladener Leiterwagen kommt ihm entgegen, von einem grauen Pferd gezogen. Die Gehsteige vor den Geschäften stehen voller gebrauchter Waschmaschinen und alter Holzöfen, die noch recht verbreitet sind in Balat, dem alten Judenviertel am Goldenen Horn hinter Fener. Etwa zehn Minuten laufe ich durch die Falten dieses stehengebliebenen Lebens, bis ich die Synagoge finde. Die Sonne ist schon warm, es ist Mittag, Ende März, und der Frühling beginnt sich einzurichten. Graue, ziemlich hohe Mauern mit Stahlspitzen auf der Krone und in der Mitte ein rotes Tor, das mit einem Vorhängeschoss versperrt ist. Im Erdgeschoss des Hauses links neben der Synagoge ist ein Café. Männer haben niedrige Strohstühle auf den Gehsteig hinausgestellt und trinken Tee. Auch hier überzieht eine Weinlaube die Straße und verschafft ihr so eine Art Decke (ein Stück weiter, wo die Laube zu Ende ist, hat man eine Plane aufgespannt, eine Fortsetzung bis zum Stand eines Fischhändlers). Ich erkundige mich bei den Teetrinkern. Sie lassen mich wissen, dass die Synagoge geschlossen ist. Einer zeigt auf einen glatzköpfigen kleinen Mann, der auf dem Gehsteig gegenüber vorüberschlurft: »Das da ist ein Jude!«

Ich lasse sie und trete zu dem einsamen Passanten. Eilig, ein bisschen misstrauisch stellt er sich als Nessim Hekim vor, er habe früher in Balat einen Laden gehabt, jetzt gebe es stattdessen einen Supermarkt.

»Wann haben Sie Balat verlassen?«

»Vor 30 Jahren, ich wohne jetzt in der Nähe des Taksim-Platzes. Ich komme fast täglich für einen Spaziergang hierher, treffe alte Freunde.«

»Gibt es noch Juden in Balat?«

»Ja, einen gibt es, er heißt León, kommen Sie mit.«

León Brudo, zwei Straßen weiter, steht in seinem Textilladen hinter dem Resopaltresen. Sehr helle Augen hinter einer runden Brille, schmale Lippen. Eine Angestellte räumt Stoffproben fort, während er einen Kunden zu Ende bedient. Es geht um ein Paar Socken:

»Wie viel?«, fragt der Kunde, der bereits einen Slip und zwei Unterhemden gekauft hat.

»Anderthalb Millionen.«

»Das ist teuer.«

»Anderswo zahlen Sie zwei, hier ist es der Balat-Preis, anderthalb.«

»Ich nehme drei.«

Als der Kunde den Preis in alten Lira bezahlt hat und draußen ist, stelle ich mich vor. León lächelt, geht einen Stuhl holen und bittet seine Frau, Tee zu bestellen. Im Radio läuft ein Lied von Sezen Aksu, der bekannten Popsängerin. Der Tee kommt, ein Kellner aus einem Straßencafé bringt ihn, dazu Kekse. León Brudo schaltet das Radio aus und erzählt mir seine Geschichte, er spricht leise, aber ohne innezuhalten. Das ganze Gedächtnis eines Mannes, einer Familie, eines Volkes quillt da über, sobald ein Fremder nur den Stöpsel gezogen hat, und ergießt sich in einen Balater Laden, an einem herrlichen Frühlingsmorgen. Seine Familie lebt schon lange in diesem Viertel, Juden wie die anderen, die nach ihrer Vertreibung aus Spanien hierherkamen[118], viele gingen damals nach Thessaloniki oder nach Saloniki, auch das neue Jerusalem genannt, andere nach Istanbul, wirklich gutes Einverständnis mit den Osmanen, mit den Türken nie Probleme, die sieben oder acht Synagogen mit täglichen Gottesdiensten, und an den hohen Feiertagen, das musste man mal erlebt haben, da war es brechend voll, die Leute standen auf den Gehsteigen, der Vater seiner Frau war übrigens im Ersten Weltkrieg Militärarzt, dann nach 1940 das erste Aufkommen von Antisemitismus, die Gründung Israels, der Istanbuler Hafen verstopft von Emigrantenbooten, die Juden gehen und nehmen alles mit, seitdem immer mehr Türken in diesem Viertel, nach den Ereignissen von 1955 verändert sich die ganze Stadt, weil die Griechen weggehen, 100 000 Griechen hatte es bis dahin noch gegeben[119], dann wird Balat immer leerer, Israel, Israel, ein wahrer Aderlass, und die, die bleiben, ziehen nach Şişli, er zieht auch weg, nicht nach Israel, nach Şişli, nach Balat kommt er nur noch morgens, um seinen Laden zu öffnen, abends fährt er nach Hause, zwei oder drei jüdische Familien leben noch in Balat, dann das *Ladino*, das Gemisch aus Spanisch, Hebräisch und Türkisch, dazu deutsche, englische, italienische oder französische Wörter, diese Sprache der Istanbuler Juden, die seine Kinder schon nicht mehr verstehen, die israelischen Juden auch nicht, die sind näher an der Schrift, näher oder zu nah? Näher, Erinnerungen an Camondo, den Reichsten der Reichen, unser Rothschild, der Wohltäter, der so viel für die Gemeinde getan hat, ihm verdanken wir das jüdische Krankenhaus, seine Pariser Familie, der Vorname seines Vaters, Samuel, die Türken nannten ihn Kamel, sein Verhältnis zu Gott, kein tiefgläubiger Mensch, aber seine Frau betet jeden Tag, die Ahrido-Synagoge ist nur samstags offen, da treffen wir uns alle …

Er verstummt, zuckt mit den Schultern, wozu das alles? Er lächelt vor sich hin. Ein paar Sekunden lang liegt ein Schleier vor seinen Augen, er vergisst den Schalk des gesunden, gewöhnlichen alten Mannes, der aber viel erlebt hat, der glücklich ist, noch immer da zu sein, das verblassende Jahrhundert überlebt zu haben, mit seinen zwei Kindern, die auch in Şişli wohnen.

»Ist León[120] Ihr richtiger Vorname?«

»Ich heiße Yehuda, das bedeutet Löwe.«

»Sind Sie in Balat nicht ein bisschen einsam?«

»Nein, vielleicht mögen sie mich jetzt lieber als einen Türken.«

*

Während ich diese Zeilen schreibe, lese ich eine Meldung in *Le Monde:* »Der türkische Großrabbiner David Asseo ist am 14. Juli 2002 im Alter von 88 Jahren in Istanbul verstorben. (…) An die 500 Menschen nahmen an der Begräbnisfeier in der Neve-Shalom-Synagoge teil, darunter auch Vertreter verschiedener Religionsgemeinschaften wie der orthodoxe Patriarch Bartholomäus. (…) Der türkische Präsident Ahmet Necdet Sezer bekundete den 25 000 Mitgliedern der jüdischen Gemeinde sein Beileid.«

*

Auch Mordo Dinar hat Balat verlassen.

»Seit ich weg bin«, lacht er, »ist es kein jüdisches Viertel mehr.«

Ich bin verabredet mit diesem Herrn, der sein dichtes weißes Haar wie einen Helm trägt, Anwalt von Beruf und Leser des *Canard enchaîné*[121], der in seiner Wohnung in Galata sein Alter und seine Funktion mit nie nachlassender Eleganz ausfüllt. Eine Champagnerflasche kühlt in einem Eiseimer, die blaue Gelatine des Marmarameers und der Bosporusmündung füllt die gesamte Fensterfront. Ein Fernglas liegt griffbereit auf einem kleinen Tisch.

»Sehen Sie nur das rote Schiff dort! Es wird von einem Schlepper gezogen und von einem anderen eskortiert. Das ist ein alter Kahn, der zum Verschrotten verkauft wird. Der Bosporus ist eine internationale Wasserstraße, aber kein Schiff kann herein oder heraus, ohne mich um Erlaubnis zu fragen. Schade, dass das Wasser so schmutzig geworden ist, die *gentry* musste ihre Boote in den Süden verlegen.«

Sein Vater war von Beruf Graveur auf Edelmetall. Ein Künstler und als solcher anerkannt. Wenn der osmanische Staat ausländischen Regierungschefs Gegenstände aus Silber schenken wollte, wurde er beauftragt, sie mit seinen Ziselierungen zu verzieren. Dinar erinnert sich noch sehr lebhaft an seinen Vater, der ihn manchmal an der Hand nahm und zur Galatabrücke führte, um Atatürks Gehenkte anzusehen[122].

»Die Galatabrücke tragen wir alle ein Stück weit im Herzen. Sie war immer blau wie das Wasser, jetzt ist sie furchtbar, grünlich, einmal, in Santiago de Chile, hatte ich bloß im Gedanken daran einen Heimwehanfall. Unter der Fußgängerspur gab es kleine Restaurants, es hatte seinen Charme, jetzt nutzt man sie bloß noch zum Queren, und das war's.«

Sephardische Familie. 500 Jahre osmanische Geschichte, wie bei dem Kaufmann in Balat, und das Haus der Familie häufig voller Freunde, Armenier, Griechen, Türken.

»Die Minderheiten mochten sich gegenseitig, und auch mit den Türken verstanden wir uns. Das Osmanische Reich war so tolerant wie gleichgültig. Was es von den Volksgruppen verlangte, die unter seinem Schutz lebten, genauso wie von den türkischen Volksgruppen, war, die Steuern zu bezahlen und ihr Kontingent Soldaten zu liefern. Der Rest war ihm egal. Jeder sprach seine Sprache und verstand sich prima mit den anderen. Als Atatürk kam, merkte er, dass seine Republik uneinheitlich war, er wollte das Land durch die Sprache zusammenschweißen, und das ist ihm posthum gelungen. Jetzt muss man, um in dieser Stadt zu leben, Türkisch können, vorher war es Spanisch, Griechisch oder Armenisch. Ich spreche Griechisch, weil die griechischen Mädchen lustiger waren als die anderen, offener. Mit den Griechen wurde überall auf der Straße laut gelacht, man konnte in allen Kneipen trinken und singen. Das griechische Lachen, das so ansteckte, war einfach nur Energie und Freude am Zusammensein. Die anatolischen Bauern, die uns jetzt überrennen, lachen nicht und kennen die Stadt nicht. Jedes Mal, wenn ich nach

Asien fahre, suche ich meinen Pass, als würde ich ins Ausland reisen. Dabei ist diese Stadt aber doch eine Hure, die wir alle lieben. Sie ist ungepflegt, sie stinkt; wenn es Wasser gibt, gibt es keinen Strom; wenn es Strom gibt, gibt es kein Telefon – aber wir lieben sie.«

Er steht auf, betrachtet die Regung der Schiffe, das Vorbeiziehen eines Sternenbilds, immer dieselben Bahnen, dieselben Stellen, aber nie langweilig, wie die Sterne, und er erzählt mir vom Brand zweier Öltanker, die unter seinen Fenstern in Flammen standen, ein jugoslawischer und ein griechischer, nachdem sie aufeinander aufgefahren waren. Einer der Tanker war abgedriftet und hatte eine Fähre in Brand gesetzt. 14 Tage hatte das Feuer gelodert. »Soll ich Ihnen ein Foto zeigen?« Das Foto ist nicht weit weg, er redet weiter, während ich es betrachte. »Geradezu dantesk, aber eine Freude für die Anwälte …« Als er sich wieder setzt, schwindet plötzlich die immer leicht ironische Energie, die ihm die Maske eines italienischen Adligen verleiht, aus seinem Gesicht.

»Gestern«, sagt er, »war ich in der Antoniuskirche bei einem Gottesdienst für die Opfer der Twin Towers.«[123] Der Mufti von Istanbul, der Großrabbiner und der Patriarch hatten sich in der römischen Kirche zusammengefunden. Ich war als Doyen des diplomatischen Korps dort. Istanbul ist eine schöne Stadt, seit drei Jahrhunderten versuchen wir sie zu zerstören, aber wir haben es noch nicht geschafft. Möchten Sie noch etwas Champagner?«

*

Völker, Götter, das menschliche Abenteuer der Stadt, die besessenen Erinnerungen, die der vergehenden Zeit widerstehen oder nicht, alles, was nicht mehr ist und doch fortbesteht … Wie viele Jahre schon streife ich durch die Straßen und Geschichten dieser Stadt? Wie viele Stunden habe ich Menschen und Bücher ausgelotet in dem Versuch, das zu verstehen, was auch zu unserer Geschichte gehört? Seit einiger Zeit fahre ich von meiner Klause in der Champagne direkt zum Flughafen und lasse Paris links liegen. Diesmal habe ich einen Umweg gemacht, weil eine Freundin mir Fotos von einem ihrer Onkel mitgeben möchte, einem nach Frankreich emigrierten

Armenier, der kürzlich verstorben ist; ich soll sie seinem Bruder Serope Aslanyan bringen. Ich rufe ihn an, und wir verabreden uns vor dem Zaun des Galatasaray-Gymnasiums am Istiklal Caddesi. Während ich auf ihn warte, lasse ich die Bilder und Geräusche dieser Straße auf mich einwirken, die ich allmählich recht gut kenne. Lässige Bummler, Straßenfotografen, eilige Angestellte auf dem Rückweg ins Büro, das Läuten der Straßenbahn, die Lautsprecher der CD-Verkäufer, die voll aufgedreht die Straße beschallen, und zwischen den Wohnblöcken ein Lied der Gruppe Noir Désir, *»Le vent nous portera«* … Ein vom Alter gebückter kleiner Mann tritt zu mir. »Monsieur Daniel?« Er führt mich in einen Teesalon auf der anderen Straßenseite. Ich zeige ihm die Fotos. Eines ist sehr rührend, es zeigt seinen Bruder und dessen Frau Simone, eine Französin, vor dem Eiffelturm, schwarz-weiß wie damals üblich. Er betrachtet sie zerstreut, kommentarlos, dann beantwortet er meine Fragen. Sein Großvater mütterlicherseits war unter dem Osmanischen Reich Fesmacher für den Palast. In der Familie seines Vaters, der nach dem Ersten Weltkrieg aus Anatolien gekommen war, wurden Lumpen importiert, gereinigt und weiterverkauft, und als das Volk etwas weniger arm wurde, stieg man auf Neuware um. Aslanyan war Architekt im Staatsdienst. Sehr blass, die Augen von der Erschöpfung umrandet, rote Lider, die etwas herabhängen. Er spricht ein zögerliches Französisch, das aus seiner Schulzeit stammt, durch die fehlende Praxis aber abgenutzt ist. Immer so knapp wie möglich, vielleicht wegen der Müdigkeit. Armenien? Das ist alles vorbei, wir sind zwei Völker und eine Nation. Die Griechen? Seit sie weg sind, ist die Stadt nicht mehr dieselbe. Er sagt, er lese *Hürriyet* und *Agos*, aber er hat nichts Erbauliches zu erzählen, wenig Genaues, stets unscharfe Erinnerungen, absichtlich oder nicht, vielleicht beides. Das einzig Sichere ist, dass er als Kind in die Kirche ging und dort sang, er hatte sogar seinen eigenen Platz im Chor, aber die jungen Leute heute mögen die Kirche nicht mehr. Als ich ihn verabschiedet habe, mache ich mich auf zu Çelik Gülersoy – mit ihm hatte ich Büyükada besichtigt –, in die von ihm gegründete Bibliothek in der Nähe der Hagia Sophia. Gülersoy, Rechtsanwalt und später Vorsitzender des türkischen Touringclubs, Autor vieler Bücher, wurde zum Historiker und Baumeister, um zu retten, was zu retten war. Seine beiden Feinde: Beton und Ignoranz. Viele Schlachten hat er gewonnen, aber er weiß, dass es keine Siege gibt. Nach dem Tod seiner Mutter vor fünf Jahren floh er auf die Inseln, und dort lebte er bis zu seinem Tode 2003 mit seinen Erinnerungen an die Kindheit, ans alte Leben im Kokon des *konak,* der Familienresidenz, in Yildiz. »Die alten Istanbuler wie ich mögen Istanbul nicht mehr«, erklärt er mir, »aber die Stadt verfolgt sie.« Vor den Tausenden von Büchern über Istanbul, die er gesammelt hat, rezitiert er auswendig einen Text von Konstantin Kavafis, »Die Stadt«[124]:

Du sagtest: »Ich werde in ein anderes Land fahren, /An ein anderes Meer. Ich werde eine bessere Stadt finden /Als diese, wo jede meiner Anstrengungen zum Scheitern verurteilt /Ist, wo mein Herz – wie meine Leiche – begraben liegt. (…) Du wirst keine neuen Länder entdecken, keine anderen Meere. /Die Stadt wird dir folgen …«

*

Giovanni Scognamillo oder eine mediterrane Genealogie: Großvater aus Neapel, Soldat Garibaldis, der seinen Obersten begleitet, als er mehrere Monate in Istanbul verbringt. Griechische Großmutter von der Insel Tinos, aber man muss wissen, dass die Bevölkerung von Tinos überwiegend venezianischer oder Genueser Herkunft ist, ein Onkel ist spanischer Jude, ein anderer Onkel Italiener und Freimaurer (in Beyoğlu gab es vier italienische Freimaurerlogen). Scognamillo verbrachte 72 Jahre seines Lebens in Beyoğlu, und davon 36 in dem Block mit dem Namen Glavany. Seine neue Wohnung teilt er mit seinen Büchern über den Okkultismus und mit einer Snoopy-Sammlung. Er hat über das Kino geschrieben (sein Vater war Kinobetreiber. Es gab viele große Säle: L'Etoile, L'Eclair, Le Magique, Ciné-Palace, Le Splendide, Cinéma Oriental; die erste Vorführung wurde 1896 am kaiserlichen Hof veranstaltet; erste öffentliche Vorführung ein Jahr später: ein Film über die Einfahrt eines Zuges in den Bahnhof von La Ciotat und die Geheimnisse von Istanbul), wirkte in den 1960er-Jahren bei *Voilà-Magazine,* wo gerade Jean-

Claude Forests Barbarella in den Kinderschuhen steckte und Artikel von Francis Lacassin erschienen, dem Schriftsteller und Drehbuchautor, sowie Fotos von sehr barbusigen Pin-up-Girls; heute ist er der letzte Scognamillo, der noch hier in Istanbul lebt. Sein Sohn ist in Mailand, seine Tochter in Athen, seine Cousins leben in Rom oder Genf. »Es gibt nur noch 300 italienische Familien in Istanbul«, sagt er, »das ist die grenzenlose Amerikanisierung.«

*

Ein neues Straßenschild in einer Istanbuler Straße, die kürzlich mit Linden bepflanzt wurde: *Papa Roncalli Sokağı*, Papst-Roncalli-Straße. In der Straße wohnte der spätere Papst Johannes XXIII. In den zehn Jahren, die er in diesen Mauern verbrachte (Januar 1935 bis Dezember 1944), knüpfte er Kontakte mit Muslimen und trug zur Rettung mehrerer Tausend Juden bei, die vor der NS-Verfolgung flohen. Istanbul ehrte sein Gedächtnis im September 2000. Konzert in der Oper (Händels *Messias*), Symposium in einem großen städtischen Saal, Messe in der Kathedrale mit Verlesung eines Textes der jüdischen Gemeinde (»Bei den Juden gibt es keine Heiligsprechung, doch gäbe es sie, so wäre unser erster Heiliger Johannes XXIII. ...«) und Enthüllung eines Straßenschilds durch den Bürgermeister.

»Er zwang uns, auf Türkisch zu beten«, erzählt Monseigneur Georges Marovitch, der heute über das Haus und den Blumengarten wacht und einst in seiner Schulzeit in der Heilig-Geist-Schule von Johannes XXIII. gefirmt wurde. »Er las das Evangelium auf Lateinisch, dann auf Türkisch. Leute in Rom haben sich beschwert.«

Monseigneur Marovitch (der Vater Montenegriner, die Mutter Venezianerin von Tiros) führt mich persönlich über das Gelände. Ein Blick auf das Wappen der Roncallis, den Markuslöwen, weil er Patriarch von Venedig war, sein Buch über kanonisches Recht und ein Foto von ihm mit folgender Widmung: »Ich werde mich immer an Istanbul erinnern, immer.«

*

In Chalkedon fanden zahlreiche Konzile statt, insbesondere das von 451, auf dem der Monophysitismus verurteilt[125] und alte Querelen beigelegt wurden, die die Klöster dies- und jenseits des Meeres entzweiten. Man muss sich vorstellen, dass Chalkedon, das zu Beginn des Jahrhunderts ein Ausflugsort für Sommerfrischler wurde, heute ein Stadtteil von Istanbul ist, Kadıköy am asiatischen Ufer mit einer ziemlich kleinen Fläche, aber sehr vielen Einwohnern (100 000). Ein paar osmanische Häuser und einstöckige Villen aus dem 19. Jahrhundert, viele Wohnblöcke mit höchstens sechs oder sieben Etagen, Gärten, Bäume, recht luftige Straßen, der Bagdad-Boulevard (Bağdat Caddesi) als Hauptachse, ein Fluss, der alte Kalchedon, der zwar ziemlich verschmutzt ist, aber angenehm durch den Schatten fließt, bevor er ins Marmarameer mündet – es ist fast wie in einem noblen Pariser Vorort mit asiatischem Touch, dazu ein Quäntchen New Yorker Greenwich Village. Einen ganzen Tag verbringe ich damit, mit Bülent und Filiz Özer durch die Straßen zu streifen, zwei Hochschullehrern und Liebhabern ihrer Stadt. »Selbst wenn wir Chinesen wären, fänden wir, dass Istanbul zu den vier schönsten Städten der Welt gehört.« »Und die drei anderen?« »Paris, Wien, Venedig.« Für sie ist Kadıköy das neue Pera. Ein eher aufgeputztes Intellektuellenviertel, viele Debatten, endlose Diskussionen, wie bei den Mönchen im 5. Jahrhundert.

Die Özers mögen die Glyzinien und Judasbäume, den Galatasaray-Verein (Filiz' Vater war dessen Präsident), das Haus der Parlamentarischen Union, in dem sie wie zu Hause sind, die Weihnachtsmesse in der Himmelfahrtskirche. »Auf dem Papier sind wir Muslime«, erklärt mir Bülent, »aber am 24. Dezember gehen wir jedes Jahr zur Messe, und wir sind nicht die Einzigen.«

Und das mögen sie nicht: Minister, die als Bauern aus Erzurum nie einen Fuß nach Istanbul gesetzt haben, und die französische Verurteilung des armenischen Völkermordes.

In der Himmelfahrtskirche eine Begegnung mit Yves Prénian, einem Bretonen, der nach 20 Jahren Brasilien Priester der Gemeinde des einstigen Chalkedon geworden ist. Ich frage ihn: »Hier hat also das Konzil getagt?«

»Nun ja! Im Prinzip ja, allerdings hinter dem Bahnhof Haydarpaşa ...«

Als wir abends durch eine abschüssige Straße schlendern, zeigt mir Bülent einen Schatten hinter dem Fenster eines Holzhauses. Ich trete näher, sehe einen alten Mann hinter seinem Vorhang sitzen.

»Das ist Cemal Kutay«, sagt er. »Der größte Historiker der alten Türkei, er ist 92 Jahre alt[126]. Sehen Sie, in Kadıköy sind nur Intellektuelle!«

*

Noch ein Bretone und ehemaliger Priester in Kadıköy, Monseigneur Louis Pelâtre.

»Ich bin 72 und habe mein ganzes Leben hier verbracht, mein Wille zum Austausch mit der islamischen Welt oder den Ostkirchen ist nie enttäuscht worden, ich kann mich *anderswo* nicht denken.«

*

Kollektives Aufflammen der Gottessehnsucht, aufständischer Wahn, Entladung intensiven Lebens: Sabbatai Zwi (1626–1676), der Messias aus Smyrna. Ein Mann von zyklothymem Temperament, ohne jede literarische Begabung, aber mit außerordentlichem Charme gesegnet. Er datiert die rituellen Feste um, begeht Sabbat und Feiertage an anderen Tagen, erklärt sich durch Gott vom Gesetz des Rabbis befreit, vollzieht seine Heirat mit der Thora, angeblich seiner schönsten und liebenswertesten Verlobten, erklärt sich zum Messias, bekleidet eines Tages in Konstantinopel einen Fisch mit Säuglingskleidern und legt ihn in eine Wiege, lässt sich auspeitschen, versetzt die Städte, durch die er reist, in einen Zustand von Ausgelassenheit und Jubel, verkündet das Ende der Welt, eine Erneuerung der Religion und eine moralische Reform, ohne freilich durch sein eigenes Beispiel zu glänzen, schläft mit Jungfrauen, ohne sie anzurühren, verwandelt spanische Romanzen in mystische Gesänge und entflammt jüdische Herzen von Jerusalem bis Amsterdam. Offiziell von den Rabbinern mit dem Fall betraut, lässt ihn der Sultan verhaften. Unter Androhung der Folter bis zum Tod tritt er zum Islam über und wird mit offenen Armen aufgenommen. »Der beinahe wunderbare Umstand«, schreibt Gershom Scholem[127], »dass die Juden unbehelligt blieben, obwohl sie sich der Rebellion und *lèse majesté* schuldig gemacht hatten, beeindruckte alle Besucher, nicht zuletzt die Juden selbst, tief.«

Als Nedim Gürsel, ein türkischer Schriftsteller mit weich fließender Prosa, als Gymnasiast im Internat des Galatasaray lebt, liest er Baudelaire als geistigen Mentor. Ihm genügt ein Vers, um zur allerhöchsten Erkenntnis zu gelangen: *»Emporte-moi, wagon! Enlève-moi, frégate!«*[128] Gürsel stößt so bei einem französischen Dichter auf das doppelte Antlitz einer Tradition, Dichtung und Nomadentum, die im Herzen vieler Türken weiterlebt, seit sie mit ihrem Satteltepich von ihren kleinen Pferden gestiegen sind, nachdem sie so lange im Galopp über die asiatischen Hochebenen und bis ans Ufer des Mittelmeers geritten waren[129] und die Güter der Welt unter ihren Hufen hinwegglitten. Bei Gürsel sind die Wörter *Erinnerung* und *Trugbild* außerordentlich bedeutungsschwer. Er hat sich die Maxime von Nazım Hikmet zu eigen gemacht, für den nicht die Straßen die Größe einer Stadt ausmachen, sondern »die Dichter, denen sie ein Standbild gesetzt hat«. In Konya, der alten anatolischen Stadt, »in der die Derwische umherwanderten wie Planeten«, heute aber der Asphalt alles schluckt, entdeckt er eines Tages zwei Verliebte im Schutz einer Mondfinsternis und erkennt in ihnen Schams und Rumi[130]. Schams war ein wandernder Mystiker, der abstinent lebte und in Karawansereien schlief, und Rumi ein hoch bedeutender Sufi-Mystiker und Dichter persischer Sprache, »unser *mevlana*«, schreibt Gürsel.

Rumi wurde 1207 in Balkh geboren, einer Stadt in der Provinz Chorasan (heute Afghanistan), in der einmal Alexander sein Heer hatte überwintern lassen. Bruce Chatwin hatte diese Stadt 1962 besucht. Auf der Suche nach einem Mausoleum hatte er einen Fakir befragt, der ihm antwortete: »Ich weiß nicht, wahrscheinlich hat es Dschingis Khan zerstört.«

Große Leere in einer Schatulle aus blauen Bergen, ein stetiger Strom von Suren aus dem Mund seines Vaters und drei Lagen Teppiche: Aus dieser Wiege muss der künftige Dichter fliehen, denn die Reiter des Dschingis Khan tränken ihre Pferde an den Brunnen. Er lässt sich in Konya nieder, wo er als Prediger lebt und »unser Meister« (Mevlana) genannt wird.

Das wichtigste Ereignis in Rumis Leben, so erfahren wir von Christian Jambet[131], ist die Erleuchtung durch seine Begegnung mit Schams-i Tabrizi.

Schams (»die Sonne«), ein Derwisch, der »frei ist wie der Vogel« und für seine 60 Jahre noch sehr rüstig, erhellt und besetzt jeden Augenblick in Rumis Leben. Als »paradoxer Meister« lehrt er ihn die schöpferische Kraft der Liebe, in der Gott sich im Antlitz des oder der Geliebten offenbart. In Galata existiert noch das Kloster der Tanzenden Derwische, das zur sufistischen Mevlevi-Bruderschaft gehört[132].

*

Nach Einbruch der Nacht in einem Außenviertel nicht sehr weit vom Bosporus bei dem Juwelier Kemal, der gerade seinen winzigen Laden renoviert, gelb und blau, zur Straße hin offen, zehn Meter vor einer Straßenkreuzung. Es ist schon spät, aber viele Geschäfte haben noch geöffnet. Zwei Arbeiter versuchen nicht ohne Mühe, in einem der Schaufenster eine Auslage aufzustellen. Kemal reicht ihnen Schrauben und Werkzeug. Baris bringt das Gespräch auf die Aleviten, weil ich ihm gesagt hatte, ich wollte gern welche treffen. Wegen der Schwierigkeiten mit dem Schaufenster und des Dröhnens der Bohrmaschine reißt das Gespräch wiederholt ab. Bisher reden alle, die ich befrage, mehr von Sozialismus als von Religion. Ein alter Mann tritt durch die Tür und grüßt in die Runde. Ein Nachbar, der die Hochzeitsanzeigen seiner Tochter verteilt, mit Witz und ganzem Einsatz ist er dabei. Einer von Kemals Handwerkern fragt ihn zum Spaß: »Und, bist du Alevit?«

»Ja.«

»Und was bedeutet das?«

»Das bedeutet, dass ich Ali und die zwölf Imame kenne … Aber hört mal, ich habe was Besseres zu tun, als über Ali zu reden, ich muss schließlich meine Anzeigen verteilen …«

Sie stellen ein Viertel der Bevölkerung: die Aleviten oder Anhänger Alis; ihr Glauben hat sich aus der Schia entwickelt und beruht auf der Verehrung Alis, des Schwiegersohns des Propheten, der so mit dem Propheten und Allah selbst eine Trinität bildet, die den orthodoxen Sunniten ein Dorn im Auge ist. Man nannte sie *Geheimleute* oder, wegen ihrer roten Turbane mit zwölf Falten, *Rotköpfe*[133].

Ein Fundament von altem Schamanentum, dem der Islam übergestülpt wurde (nur eine Lackschicht, erklärt mir Monseigneur Pelâtre; die Aleviten gehen nicht in die Moschee, verrichten nicht die fünf Gebete, fasten nicht, trinken Wein und so weiter), Geheimhaltung der Zugehörigkeit als oberstes Prinzip (doch das Fehlen einer Moschee verriet die Dörfer der Aleviten) und Vertuschung als Überlebensstrategie (die *taqiyya;* zur eigenen Sicherheit darf ein Alevit in die Moschee gehen; das bedeutet für ihn keinesfalls Verrat).

Zum Alevitentum gehört auch die Vorstellung, der Mensch sei nach dem Bilde Gottes geschaffen, die Gleichberechtigung der Frauen, zweigeschlechtliche Rituale mit Rakı, Musik und Tanz (allerdings gibt es häufige Vorwürfe von Prasserei, Inzest oder schwarzer Magie; man bezeichnet sie auch als *Kerzenlöscher*). Niemals wird die Wahrheit offenbart, man bleibt immer auf der Suche, ebenso die Erkenntnis. Das Erste, was der Vater seinen Sohn lehrt: Es steckt immer ein verborgener Sinn im äußerlich Sichtbaren. Such ihn!

Letztlich ist das Alevitentum ein türkischer Islam, eine Protestreligion. »Die gesamte alevitische Kultur ist vom Gesang geprägt und von – türkischsprachigen – Hymnen des Widerstands gegen die Obrigkeit, den Tyrannen, gefeiert wird die göttliche Natur des Einzelnen und des Humanismus.«[134]

Die türkische Schia hat auch den Bektaschismus hervorgebracht, der in einer eher städtisch geprägten, gebildeten Gesellschaft wurzelt, die dem Palast nahesteht; schnell wurde er zu einer Art Soldatenorden, dem man sich frei anschließen konnte (während man

Alevit nur von Geburt an sein kann). Der Bektaschismus war lange die offizielle Religion der Janitscharen und wird mit der Herausbildung der Freimaurer in Verbindung gebracht[135].

In den letzten Jahren attackierten Islamisten wiederholt alevitische Wohnviertel in Istanbul und lösten dort Tumulte und äußerst gewalttätige Zwischenfälle aus.

In dem Schmuckladen geht die Arbeit langsam voran. Es ist ziemlich schwierig, die Auslage anzubringen. Auf dem Tresen beginnt ein Handy zu piepsen. Kemal geht dran, dann sagt er zu Baris: »Nebenan findet ein alevitischer Gottesdienst statt. Sie schicken zwei Leute herüber, die deinen Freund holen kommen.«

Kurz darauf sind sie da, das Handy griffbereit. Einer ist Schreiner, der andere städtischer Beamter, beide Aleviten.

»Kommen Sie, der Dede erwartet uns.«

Beim Laufen erklärt mir der Schreiner, dass er als Alevit allen Religionen der Welt gegenüber offen ist. »Wir mögen Christus«, stellt er klar, »wir mögen das Alte und das Neue Testament, wir mogen Moses und alle heiligen Schriften, wir sind offen.«

Der Cemevi, das alevitische Versammlungshaus, ist keine 500 Meter entfernt. Das Gebäude sieht eher aus wie eine Mehrzweckhalle oder ein lokales Kulturzentrum als wie eine Kultstätte.

Im Gebetssaal sitzen zwei- bis dreihundert Menschen auf dem Boden. Die Männer mit Schirmmützen, die Frauen mit Kopftuch. Der Dede (der Gebetsaufseher), ein drahtiger, magerer Mann, Lederkäppi auf dem Kopf, sitzt auf einem Schaffell. An alle Teilnehmer wird Obst verteilt. Tonfall und Stimmung erinnern eher an eine Vereinssitzung als an eine Kultversammlung. Ich werde aufgefordert, mich zur Rechten des Dede niederzulassen. Ein paar junge Männer und Frauen in reich verzierten Kleidern mit sehr kräftigen Farben führen einen Rundtanz auf, bei dem die Männer mit den Armen schlagen, als wären sie Vögel. Die Mädchen lächeln und versenken ihren Blick in die Augen der zusehenden Männer. Der Dede bläut mir in einer flammenden Rede seinen Humanismus ein. Die Welt nicht immer so, wie man sie sich vorgestellt hat. Ich danke dem

Dede, ohne mir meine Enttäuschung anmerken zu lassen, und gehe zurück zu meinem Juwelier.

Die Auslage steht jetzt passend im Fenster.

Kemal und seine Handwerker haben Kisten auf den Gehsteig gestellt. Es ist kalt, der Verkehr ist noch immer genauso dicht, mit Tüten beladene Fußgänger stapfen vorbei, es ist nach Mitternacht. Wir trinken Bier, während wir inmitten der Abgasschwaden auf unseren Kisten hocken. Es ist kalt, als fiele die gesamte klamme Feuchtigkeit des Bosporus genau auf dieses Stück Straße. Einer der Handwerker fragt Kemal: »Schreibt er für Geld?«

Ein paar Tage später erzähle ich Altan Gökalp von meinem Abend im Cemevi.

»Sympathisch, eine Mischung aus Folklore und gut gemeintem Humanismus, aber …«

»Sie haben sich extrem schnell entwickelt«, erklärt er mir, »so ähnlich wie die Freimaurer in Frankreich, die jetzt auf Transparenz setzen. Sie waren zur Geheimhaltung verpflichtet, haben sie aber aufgegeben, um sich in Europa, in Deutschland und Frankreich, besser entfalten zu können, und dafür geben sie jetzt ein bisschen zu viel preis. Urbanisierung und Immigration haben ihre altgewachsenen Strukturen aufgelöst. Das führt manchmal zu erstaunlichen Ergebnissen. Sie suchen ja immer nach dem verborgenen Sinn, da treffen sich auch mal die ausgewanderten Arbeiter, um den verborgenen Sinn in ihren Lohnzetteln zu suchen. Das Alevitentum ist zu einer Massenbewegung geworden, die mehr oder weniger von der Linken instrumentalisiert wird, von den Frauen, den Gegnern des Islam. Und den Riten ergeht es in diesem Wandel genauso wie denen im Voodoo-Kult.«

*

Drei Tage außerhalb der Stadtmauern, am Ufer von Ephesus südlich von Izmir. Baden im Meer, Tintenfisch zum Mittagessen, eiskalter Weißwein unter dem Schirmdach der Pinien. Die Hügelketten, die sich bis zum Mittelmeer hinunterziehen, der schüttere Buschwald, der den grauen Felsen durchscheinen lässt, die Steilwände der Klippen und morgens überall dieses vibrierende, benebelnde Blau, der Himmel, das Wasser, der Dunst, bis hin zu den Inseln, die auf dem Horizont treiben. Ich wende dem Meer den Rücken zu und fahre durch die Gefilde von Artemis' Reich, der Urmutter im alten griechisch-anatolischen Erbe. Die Ruinen von Ephesus, wo einst Paulus predigte, gehören jetzt der Archäologie und den Touristen. Ein Pfad, der sich durch die Olivenbäume schlängelt, führt zu einem kleinen aus Ziegeln gemauerten Haus – hier sollen die Muttergottes, Maria Magdalena und der Evangelist Johannes gelebt haben, die drei Zeugen des Lanzenstichs[136] –, dessen Wände vom Rauch der Kerzen geschwärzt sind, davor der Stein als Altar, im Wald von Panghia-Capouli (»Tor der Allerheiligsten«)[137]. Dann der Hügel von Selçuk mitten in einer Ebene von Gemüsefeldern und Obstgärten, eine gepflasterte Straße, die zwischen zwei Palmenhecken den Hügel hinaufklettert, eine Ortschaft, die schon nach dem fernen, stillen Asien riecht – Samarkand wirkt plötzlich ganz nah –, und am Ende der Straße ein Ruinenfeld und die weißen Platten auf dem Grab des Johannes. Weder Touristen noch Archäologen, nur ein paar Herumtreiber, die wie Schatten einer nach dem anderen aus den Kellern steigen und die antiken Münzen zu verkaufen versuchen, die sie tief in ihren Taschen herumtragen. Sie reiben sie mit ihren Ärmeln ab, Gesichter werden sichtbar, Cäsaren, syrische Ptolemäer, zwiegehörnte Alexander. Das Silberglitzern in schmutzigen Händen: die letzten Reste vergangener Reiche.

Von der Straße zweigt rechts ein Weg ab, zwei Busse und ein paar Autos parken auf einem erdigen Parkplatz, und am Abhang ein paar niedrige Ruinen und eine Höhle, *die* Höhle, das Grab der sieben Schläfer[138], mit seinem aus Ziegel gemauerten Bogen, den Grüften und am Eingang dem weißen Sarkophag, dessen eine Wand anscheinend zerstört worden ist. Rund um die Anlage verläuft ein Zaun, an dem Pilger Tausende Papiere oder Stofffetzen befestigt haben, so etwa ein paar Istanbuler Studenten und Familien aus Izmir, die gleichzeitig mit mir die versperrte Umfriedung erreichten. Diese weißen Schmetterlinge, Votivbilder des Islam, bezeugen, dass sie hier an dem heiligen Ort gewesen sind. Weiter unten in der Ebene Gräben voller Mohn, Mispeln, Spargel, Mandarinen-, Mandel-, Pfirsich- und Feigenbäume und in der Luft alle Düfte des mediterranen Frühlings.

Die sieben Lazari, wie Massignon zu sagen pflegte, eingemauert, weil sie sich weigerten, unter Kaiser Decius ihrem christlichen Glauben abzuschwören[139]. 200 Jahre später erwachen sie, reiben sich die Augen, verlassen ihr Grab und laufen nach Ephesus. Sie stellen fest, dass während ihres Schlafes viel Zeit vergangen ist und dass die Heiden zu Christus gefunden haben; dann schlafen sie wieder ein. Ihr Gedächtnis wird in der byzantinischen Kirche als Symbol der Auferstehung geehrt, dann von allen Ostkirchen, schließlich von der ganzen Christenheit bis in die Bretagne. Der Islam übernimmt die Legende und widmet ihnen gar einen besonderen Kult. Wie gesagt wachten die Sieben über die osmanische Kriegsflotte. Zum ersten Mal hörte ich von ihnen aus dem Munde von Youakim Moubarac, dem Maronitenpriester und Religionswissenschafter, das war in der Zeit der libanesischen Rebellionen. »Die Höhle von Ephesus ist für den Islam … der Ort, an dem der erste Ruf des letzten Gerichts erschallen wird … Die Toten sind lebendig, und Gott spricht zu ihnen … Ihre Rückkehr nach Ephesus … ein Beweis dafür, dass das Versprechen gilt … Vorgezogene Zeugen der Auferstehung …« Im unzugänglichen Schatten der Höhle geht das Gespräch der Götter weiter, fern vom Streit unter den Menschen.

VIII
Wo sind die Seelen?

Das Archäologische Museum verdankt seinen Charme seiner Lage nicht weit von der Hagia Sophia am Fuß der Gartenmauer des Serails, dem Reichtum und der Vielfalt der Schätze, die es birgt, aber auch seiner Ruhe, weil nur wenige Besucher hierherfinden, nicht etwa, weil die Liebhaber es vernachlässigen, sondern weil die Höllenschlangen des Massentourismus es nur selten auf die Liste ihrer Reiseziele setzen. Die Museologen fallen nicht gerade durch übermäßige Modernität auf, und bei ihrer geschickt zurückhaltenden Präsentation der Sammlungen können wir uns in dem Glauben wiegen, nichts habe sich verändert seit dem 19. Jahrhundert, als man auf dem Rücken von Mauleseln die Antiquitäten aus der Privatsammlung eines einstigen Marschalls der osmanischen Artillerie hierherschaffte; dieser hatte sie in der Hagia Eirene versammelt, die, bevor sie vorübergehend zum Museum wurde, als Waffenarsenal gedient hatte – und es gibt nichts Angenehmeres. In diesem Museumspalast steht der Alexandersarg, der im 19. Jahrhundert in Sidon entdeckt wurde, der antiken phönikischen Stadt, die heute Saida heißt. Er sieht aus wie die Miniatur eines griechischen Tempels mit Friesen, Vollplastiken und einem Deckel in Form eines Daches.

Ein Haus, in dem sich vortrefflich die Ewigkeit verbringen lässt, wenn man Eroberer war, ganz aus pentelischem Marmor[140], ein wahres Meisterwerk der hellenistischen Plastik. Natürlich wurde der Leichnam des Eroberers niemals auf den weißen Marmor des Sarkophags gebettet, der wahrscheinlich einem phönizischen König als letzte Ruhestatt diente, aber der Name Alexander, zusammen mit der Gegenwart dieses Sarkophags, tief eingehüllt in das Schweigen des Museums im Herzen der Stadt, an einer strategischen Stelle des Gedächtnisses, all das erinnert uns daran, dass Istanbul die Hauptstadt von Reichen und von Ambitionen war, die im Zeichen dieses jungen Mannes gewachsen sind, der geboren war, zu träumen und zu handeln, von Aristoteles erzogen, bis er Asien bis an den Ursprung der Sonne unterwarf, die Welt dem Monotheismus öffnete und seinen bezwungenen Gegnern aufhalf und sie an sein Schicksal band. Nicht nur Konstantin und die byzantinischen Kaiser wollten Alexanders Ruhm näher sein. Mehmed II. ließ seine Biografie auf Griechisch auf gleichem Papier vom selben Format niederschreiben wie das Exemplar der *Vita Alexandri*, das sich in seiner Bibliothek befand (er hielt sich für Alexander wie später Bonaparte, so wie Alexander sich für Achilles hielt, den Helden der *Ilias*), ließ sich König der Welt nennen und Welteneroberer[141]. Im Judentum ist Alexander in der Gestalt eines Philosophenkönigs vertreten. Gott billigt seine Absichten, erinnert aber an seine Grenzen. Der Alexandersarg, der nicht einmal wirklich seiner ist, erzählt uns auch von Grenzen. Alles nimmt ein Ende. Auch Träume. Die des Alexander wie die anderen, wenn er auch einst die Hochzeit von Orient und Okzident feierte. In Susa, lange ist es her.

*

Karaca Ahmet auf einem der Stadthügel jenseits des Bosporus ist einer der größten Friedhöfe Asiens. Weil er auf dem Kontinent der beiden heiligen Städte liegt, Medina und Mekka, sind dort zahlreiche Würdenträger aus dem Islam und dem osmanischen Staat begraben, Paschas, Derwische, Eunuchen. Ich fahre an einem schwülen Sonnentag dorthin und lasse mich von einem Taxi an der Autobahn absetzen, die wieder nach Üsküdar hinunterführt. Große Zypressen gruppieren sich manchmal fast zu Wäldern und breiten über das Gedränge von Gräbern einen Geruch nach verbranntem Schilf. Auf den Gräbern Schwertlilien und viele Rosen mit durstig herabhängenden Blüten. Der Zuschnitt der mit einem Turban bekrönten Grabsäulen verweist auf den Rang des Toten. Die Säulen der Frauen sind mit Blumenmotiven verziert oder mit einer orientalischen Haube bekrönt. Seitenwege führen durch das Gras, das zwischen den Platten vertrocknet. Schlangen suchen Abkühlung auf dem Zement der schattigen Gräber. Es gibt auch geteerte Straßen und sogar regelrechte Chausseen, auf denen sich zwei Autos begegnen können, sie führen zu einem Verwaltungsgebäude, daneben ein grüner Kiosk, die Bude des Zigarettenverkäufers. Im Hof parkt ein Leichenwagen mit offenem Sarg. Und da, eben, ein ganz frisches Grab unter einer Bahre von Blumen (die Holme sind aus dicken Ästen), die noch nicht verwelkt sind. Viele Gladiolen. Unter einer Zypresse Gärtner in lebhaftem Gespräch, abseits von den Straßenfegern, darunter ein Behinderter, der beim Humpeln seine Wasserflasche und seine Schaufel hinter sich herzieht. Ein paar Familien sind da, um ihre Toten zu besuchen. Frauen sitzen beim Picknick auf einem Teppich, unter dem Blick eines Mannes, der sein Auto wäscht, ein brandneuer Ford, er benutzt das Wasser aus einem der Marmorbrunnen, die überall die Hauptachsen des Friedhofs säumen. Die Karosserie trocknet so schnell, dass er mehrmals von vorn anfängt, bis er schließlich aufgibt. Angestellte, die die Gräber abbürsten, laufen mit Eimer und Besen herum. Ich gehe zu Fuß zurück, noch immer in derselben Sonne. Ungebremst weht warmer Wind vom Marmarameer herauf. Ich komme an ein paar kahlen Hügeln vorbei, dann gelange ich in die Randzonen von Üskudar. Eine Kaserne, ein Stadion, ein großes Schwimmbad voll mit faszinierendem Wasser, aber ohne jeden Schwimmer, eine Moschee, kleine Geschäfte, Wohnblöcke, Kinder, die schreiend in einen Fußball treten, das Leben.

Aus Unwissen habe ich auf dem Karaca-Ahmet-Friedhof das Grab eines berühmten Naqschibandiyya-Mystikers verpasst, Süleyman Hilmi Tunahan. Bei seinem Tod im Jahr 1959 verbot der Innenminister aus Furcht vor Unruhen den Transport seines Sarges von seinem Wohnsitz in Üsküdar zur Moschee in Fatih, in der er seine fordernde Lehre verbreitete. Der Meister wurde beinahe heimlich auf dem Karaca Ahmet begraben. Bei den Anhängern Süleymans (den schlimmsten Feinden der Aleviten) gibt es kein Wort für den Tod, sie sprechen lieber von einer Seelenwanderung[142]. Im Zusammenhang damit steht eine weitere Wanderung: Der Schwiegersohn des Begründers des politischen Süleymanismus machte sich mit der Kasse in die USA davon, wo er sich bekehrt.

Eyüp, der Abhang zum Café Pierre Loti, der gepflasterte Weg, üppige Vegetation, die Bäume verschlucken die Gräber, graue Wurzeln wie Elefantenfüße auf dem Marmor der Grabmäler, völliges Durcheinander von Grabsäulen, die von den Erdbeben durchgerüttelt wurden, sie stehen schief, überkreuz, manche liegen im Gras. Und der Ausspruch von Cocteau, als er mit Jean Marais den Friedhof besuchte: »Schau, Jeannot, diese ganzen sterbensbetrunkenen Gräber!«

*

Auf der Kuppe eines Hügels, der von zwei Autobahnzubringern in die Zwickmühle genommen wird, der armenische Friedhof in Halıcıoğlu. Ein paar verlassene Gräber außerhalb der Mauern auf einem mit Unkraut bewachsenen Feld und ein ausgeweideter Sarkophag. Die übrigen sind gepflegt und mit Blumen bewachsen. In der Landschaft steht die Mauer, die vom Edirne-Tor direkt ins Goldene Horn abzutauchen scheint. Und der Himmel, der sich bis an den Horizont dehnt. Der Friedhofswächter, Erol, ein Türke, der von der armenischen Kirche bezahlt wird: »Alle Gräber werden regelmäßig besucht, niemand ist vergessen …«

*

Noch ein Totenhügel, in Hasköy diesmal. Durch den jüdischen Friedhof führt ein viel benutzter Trampelpfad von der Straße durch mehrere Breschen in der Umfassungsmauer bis an die Hochhäuser eines Wohngebiets, für die er als Abkürzung dient. Ich betrete den Friedhof hinter einem Paar. Ein Bart, ein Schleier. Viele alte Grabsteine, die die Erdbeben aus dem Boden gerissen haben, sie liegen auf der Seite, die meisten sind zerbrochen. Weiter hinten neuere Gräber, in Etagen auf gut gemähten Rabatten, ordentlich, manche begrünt. Ich merke mir ein paar Namen: Klara Madim (1913–1997), Inès Alatara (1909–1999), Hayim Mizrahi (1925–2000), Albert Carmona (1911–1999), dann suche ich das Mausoleum der Camondos; unterdessen ständiges Kommen und Gehen auf der Abkürzung, manchmal treten die Passanten sogar auf die Gräber.

Die Camondos, wo sind die Camondos[143]? Ich bin mir ganz sicher, gelesen zu haben, dass sie ein Mausoleum in Hasköy besaßen, finde aber nichts, was zu meiner Vorstellung passen könnte: etwas Aussagekräftiges, Großzügiges, so wie ihr Leben war, ein kleiner Tempel in der Art des Alexandersarges, von dem aus sie weiter zu uns sprechen würden, trotz allem, trotz ihrer Irrwege und ihrer Art, in vollen Zügen zu leben. Ich frage den jungen Mann in einem Büro am Ausgang des Friedhofs. Er trägt Kippa und einen schwarzen Kittel; kräftige Brauen und eine runde Brille lassen sein Gesicht noch jünger erscheinen. Er versichert mir, dass es auf dem Friedhof von Hasköy keine Camondos gibt. Ich versuche es bei dem Gärtner, einem winzigen Türken in Jeans, dessen Augen so blau sind wie seine Haare weiß.

»Arbeiten Sie schon lange hier?«

»Seit 1952. Vorher verdiente ich sechs Lira pro Woche in einer Fabrik. Die Juden boten mir fünf Lira pro Tag, das konnte ich nicht ablehnen!«

»Sind Sie Jude?«

»Nein! Aber die Juden bezahlen mich.«

»Kennen Sie Camondo?«

»Jeder kennt ihn. Das ist einer, der viel für unseren Sultan gearbeitet hat. Der Sultan wollte ihn belohnen. Camondo sagte ihm, er braucht nichts. Dann meinte er noch, er hat ja die Ehre gehabt, mit ihm einen Kaffee zu trinken, und das war schon viel. Der Sultan hat ihm trotzdem ein Mausoleum gestiftet.«

»Aber wo ist das?«

Er zeigt mit dem Finger auf eine Talsohle, die hinter einem Wohnblock durch eine Autobahn vom Friedhof abgetrennt ist.

»Wo diese Häuser da stehen, war früher noch der Friedhof, und ein bisschen weiter hinten, sehen Sie, da ist Camondos Mausoleum.«

Ich erkenne das Mausoleum, das sich an einen Hügel klammert. Letzten Endes ähnelt es doch der Vorstellung, die ich davon hatte, nur ist da zusätzlich das Straßennetz, das dem Boden, auf dem es steht, die Luft abschnürt. Der Gärtner wartet nicht erst, bis ich weiterfrage.

»Da ist alles kaputt«, erklärt er, »die Leichen sind weg, die Gräber wurden geplündert, da ist nichts mehr, man müsste wirklich mal etwas unternehmen ...«

»Kann ich mir das ansehen?«

»Was denn ansehen?«

Nach Hasköy ein Fischessen in Bebek, direkt am Wasser.

*

Zurück an die Stadtmauer jenseits der Ringautobahn zum muslimischen Friedhof in Topkapı, auf den Spuren von Pierre Loti. Ich sitze auf einem wackeligen Geländerpfosten unter dem schwarzen Band der Zypressen (wenn ich mich richtig erinnere, hatte in dieser Gegend Mehmed 1453 sein Zelt aufgestellt ...) und schlage ein Buch auf, das dünn genug ist, um in meiner Hosentasche Platz zu finden. Und das ist nicht sein einziger Vorzug. Eine freudige Überraschung, als mir beim Blättern der Name Gibbon ins Auge springt: »Wenn wir zum Beispiel Gibbon lesen, so ist das Vergnügen, das wir bei ihm finden, durchaus verwandt mit dem Vergnügen, das wir bei der Lektüre eines großen Romanciers empfinden. Schließlich wusste er sehr wenig über seine Personen. Ich nehme an, er musste die Details ersinnen. Er muss wohl empfunden haben, dass er in gewisser Weise Niedergang und Sturz des Römischen Reiches erschaffen hatte. Und er tat dies so wunderbar, dass ich keine andere Erklärung hinnehmen mag.« Jorge Luis Borges, *Das Handwerk des Dichters*[144].

*

Herbstlaub und kahle Bäume, Berge mit Mützen aus Schnee und Eis, blühende Apfelbäume unter einem Regenbogen, Fische, die aus dem Wasser springen und der Sonne zulachen: die Schöpfer der Wandmalereien am römisch-katholischen Friedhof von Feriköy[145] haben das Thema der vier Jahreszeiten dargestellt. Die Jahreszeiten oder die Kommunion mit der Welt. Ich erinnere mich, was Malraux über den Christen schrieb, der den Jahreszeiten verbunden ist, den Bäumen, den Tieren, weil er allen Geschöpfen Gottes verbunden ist.

Auch im Leben eines Menschen gibt es mehrere Jahreszeiten. Die Jugend, die Reife, das Alter oder aber die Jahreszeit der Kraft, die der Weisheit und so weiter. Am längsten dauert die letzte, der Tod. Die fluoreszierenden Spiegelungen der Fresken auf den hoch aufgemauerten Friedhofsmauern fallen erstaunlicherweise nicht aus dem Rahmen. Das Flimmern der Farben mischt sich mit dem Treiben auf der Straße, den beschleunigenden Motoren, dem Hupen, dem Geruch nach warmem Brot, dem Duft der Blumen. Das Friedhofstor ist geschlossen. Man muss durch das kleine Pförtnerhaus, sagt mir ein Zigarettenverkäufer. Drei magere Katzen hocken steif wie ägyptische Statuen da und überwachen den Eingang zu dieser Oase mitten im Herzen der Stadt. Sonnenflecken, Stille (die Geräusche von draußen her sehr gedämpft), Zypressen, Kreuze, geradlinig aufgereihte Gräber, nichts Düsteres. Die Bezirke heißen St. Petrus / St. Paul, St. Laurentius, Zum heiligen Schutzengel, alles ist um eine zentrale Rotunde angeordnet, darauf eine Kanonengarde aus Zement und eine Gedenktafel: »Den französischen Militärärzten, gefallen in der Orientarmee 1854–1856.« Weiter hinten ein Mausoleum für die 26 000 Toten des Krimkriegs und ein weiteres für die französischen Gefallenen des Ersten Weltkriegs. Die Istanbuler Soldaten, die in Verdun oder am Chemin des Dames gestorben sind … Auf einem Friedhof spazieren zu gehen, heißt, in die Zeit einzutauchen. Ich drehe mich um, als ich es im trockenen Gras rascheln höre. Niemand. Da wieder das Geräusch, als ich weitergehe. Ich kehre um und sehe eine Schildkröte aus einem Büschel kriechen, verschanzt hinter ihrem Panzer von Gleichgültigkeit. Ich streife über die Wege, greife wie gewöhnlich Namen heraus (Jean-Marie Melik, Marius Trophé, Flavio Cosentini, Charles Helbig, Palmyre Westerling, Doktor Ferdinand Pascha Tergiman …), als könnten diese Namen, die ich in Hefte kritzele, Tote erwecken. Wozu? Wo sind die Seelen? Auf ein paar Tafeln stehen Grabsprüche, knappe Biografien der Toten, Psalmenverse. Ich gehe auf die Reihe von Mausoleen zu, die längs der hintersten Mauer verläuft, als ich hinter mir den Kies knirschen höre. Eine Schildkröte? Nein, eine kleine Dame im Kostüm mit einem Strauß gelber Blumen in der Hand. Ich beobachte sie von Weitem. Sie holt einen Schlüssel aus der Tasche, schließt das Vorhängeschloss an einem Mausoleum auf (Familie Giuseppe-Moréa), legt ihre Blumen nieder und spricht ein Gebet. Ich grüße sie, als sie mit einer Gießkanne zurückkommt. Sie antwortet auf Französisch und erzählt mir von ihrem Mann, einem Giuseppe, italienische Familie, die in osmanischer Zeit hierherkam. Für ihn sind die Blumen.

»Die Moréas waren Tuchmacher, sie kamen 1800 aus Paris, sie arbeiteten für die osmanische Bank. Aus ganz Europa strömte man hierher, es war ein gutes Land.«

»Und Sie?«

»Mein Mädchenname war Crépin. Zwei Onkel von mir sind 1914 gefallen, ihre Namen stehen auf dem Denkmal, Crépin und Forster.«

»Haben Sie noch Familie in Istanbul?«

»Ja, aber die Familien sind nicht mehr so groß, was will man machen, alles erlischt. Einen schönen Tag noch, Monsieur …«

*

Im Kleinlaster nach Gazi mit Jean-François Pérouse, einem eleganten Kartografen und leidenschaftlichen Türkeiliebhaber, seit er freundschaftliche Beziehungen zu einer türkischen Familie geknüpft hat, als er noch im östlichen Paris lebte; heute heißt er *der Franzose aus Gazi.* Diese Stadt mit 80 000 Einwohnern im Norden der Metropole ist auf den Plänen von Istanbul nicht immer eingezeichnet. Viertel mit modernen Hochhäusern, die aber häufig leer stehen, vor allem am Ortsrand, manche sind gar unfertig[146], dazwischen ragen ein paar Minarette moderner Moscheen auf, in denen depressive Imame[147] vergeblich zum Gebet rufen (die Stadt ist eine Hochburg der Aleviten), und rundherum stehen 3000 Gecekondus, die ihr Elend über mehrere Hügel erstrecken, von Stacheldraht zusammengehalten. In der neuen Stadt gibt es keine Straßennamen, nur provisorische Nummern. In den Gecekondus kein fließendes Wasser, aber auf allen Wegen Frauen, die, ein bisschen benommen, unter der Last der Wasserkanister dahineilen, und die Tentakel der elektrischen Leitungen, die alle illegal Strom abzapfen.

80 000 Phantome, aber wenn die Schule aus ist, Hunderte Gymnasiasten im Blazer[148].

Der Friedhof ist, wie die Polizeistation, der Ort, der dem Himmel am nächsten ist. Ein Friedhof am Ende der Welt, auf einem Vorsprung kratziger Felsen, auf dem auch Zigeuner leben. Nomadenlager, Stoffbahnen und Teppiche an Ästen hängend, Zelte aus blauem Plastik mit einem Loch für das Ofenrohr. Am Eingang zum Friedhof die Säulen für die *Märtyrer* der Hungerstreiks, sie sind mit roten Bändern miteinander verbunden und mit Nelken bewachsen. Dann die dichten Bataillone der Gräber, so zahlreich sind sie, der reinste Ansturm. »Auch diese sind gekommen und gegangen. / Der Karawane gleich erschienen und vergangen.« (*Dede Korkut's Buch: das Nationalepos der Oghusen*[149].)

Gräber der ersten Toten aus dem bulgarischen Dorf, das hier vor Gazi existierte. Die der Bosnier (Bayram Ouder, 1945–1989), der türkischsprachigen Griechen aus Ostthrakien (Aziz Ayrar, 1934–1997), der Jugoslawen (Feride Bilim, 1926–1986), der Aleviten (mit Blumenmotiven auf den Gräbern, viele rote Tulpen mit grünen Spitzen). Kleine Zementquadrate mitten in der Erde, wo winzige Pyramiden auf Kindergräber hinweisen, die anonym in den Lauf der Zeit geworfen wurden.

In manchen Grabsprüchen sprechen die Toten mit den Lebenden.

Manche bemitleiden sich selbst: *Ich war gerade 25, da kam der Todesengel mich holen, entriss mich meiner Frau und meinen beiden Kindern, der ich schon selbst eine Waise war, Freunde, ich bitte euch, schreibt das auf mein Grab.* Andere machen sich lustig: *Lach nur, eines Tages bist du selbst an der Reihe,* oder machen ein letztes Geständnis nach Art der Bektaschis: *Die drei schwierigsten Dinge: seine Geheimnisse verbergen, sein Leid vergessen, die leere Zeit verbringen.*

Eine Familie hebt ein Loch aus. Ein Mann mit weißer Takke psalmodiert Koransuren. Neben ihm verfolgt seine Frau das Gebet, ihr Buch offen in den Händen. Jemand spricht auf Kurdisch etwas in sein Handy, es geht um einen Autoverkauf. Die Kulisse ist großartig und lächerlich zugleich. Ein kobaltblauer Himmel, Vögel ziehen ihre Kreise, der Wind in den Röcken der Frauen, die am Feuer knien, er rüttelt am Plastik der Zelte, angeleinte Pferde, die sich an Blumen und Unkraut gütlich tun, Haufen von Reifen und Schrott, Müll, schweigende Menschen, die Augen auf dieses Bild der Grenzenlosigkeit gerichtet, auf den blauen Schiefer in den Steinbrüchen, auf die Steppe der Militärgebiete … Wo sind wir? Auch die Seelen der Toten müssen sich das fragen. Wir sind in Istanbul, fern von Istanbul, an einem Frühlingstag zu Anfang des dritten Jahrtausends.

Commercy, Sommer 2002

Dank

Mein herzlicher Dank gilt denen, die meine Reisen und Aufenthalte in Istanbul gefördert haben (Bernard Garçia, Jean-Pierre Debaere, Yves Mabin, Missions Stendhal für Reisestipendien, Hélène Schoumann), dem, der mir die ersten Türen öffnete (Jacky Gimeno), denen, die ihre Leidenschaft, ihr Wissen und ihre Zeit mit mir geteilt haben (Nicolas Monceau, Baris Aslan, Gérard André Lemaire, Timour Muhidine, Altan Gökalp, Olivier Frébourg, Ali Ria Topçu, Louis de Romanet, Lito Tolentino, Nedim Gürsel, Jean-François Pérouse, Çelik Gülersoy, Corinne und Jean-François Bouffandeau, Paul Dumond, Filiz und Bülent Özer), sowie Malcy Ozannat für das Gegenlesen meines Manuskripts.

Anmerkungen

1 Ara Güler wurde 1962 zum »Master of Leica« gekürt.

2 Mit diesem lautmalerischen Ruf machten die türkischen Straßenfotografen die Passanten auf sich aufmerksam.

3 »Kabinenehe«, abgeleitet vom türkischen Wort *kabin*, das eine nicht dauerhafte Beziehung bezeichnet.

4 Philip Mansel, *Constantinople, City of the World's Desire. 1453–1924*, London 1995. Aus diesem ebenso begeisternden wie soliden Werk werde ich häufig zitieren.

5 *Les Relations entre la Russie et la Turquie de 1917 à 1924*, DEA-Abschlussarbeit an der Universität Paris/Sorbonne von Lorraine Rondeau. »Man trinkt, betrügt, schlägt sich, stirbt oder macht Geschäfte von einer Raffiniertheit und Schmierigkeit, die sogar Pera in Erstaunen setzen«, schrieb Paul Morand über die Russen. (Paul Morand, *Nachtbetrieb.* Übers. von Bettina Wiengarn, Reinbek 1994, S. 57.)

6 Fernand Braudel beziffert die in Ungarn von 1521 bis 1541 erbeuteten Objekte auf 5000. (Fernand Braudel, *Das Mittelmeer und die mediterrane Welt in der Epoche Philipps II.*, Frankfurt/M. 1994.)

7 Zwangskonvertierte spanische Juden, die das Judentum heimlich weiter praktizierten.

8 Achmed Pascha, Claude Alexandre Graf von Bonneval, Beylerbey (Gouverneur) von Karamanien (1675–1747), stammte aus dem Limousin; sein Grab liegt im Garten der alten *tekke* (Kloster) der Tanzenden Derwische in der Verlängerung des Istiklal Caddesi unweit des Tünel-Platzes.

9 Charles Joseph de Ligne, *Mémoires et mélanges historiques et littéraires*, Bd. 5, Paris 1829. Nach seinem 70. Geburtstag schrieb der Pascha seinem Bruder, dem Marquis de Bonneval, er wolle nach Hause zurückkehren. Der Marquis bot ihm Geld an und wandte sich an den Hof beider Sizilien, um seine Ausreise zu beschleunigen. Ein schlimmer Gichtanfall durchkreuzte seine Pläne und raffte ihn am 23. März 1743 dahin, in Gegenwart seines Imams (den er im Scherze seinen Kaplan nannte), des Paters Charots, einem zum Arzt mutierten Jesuiten, und dem Sekretär der französischen Botschaft, Graf Ludolf. Er starb, »ohne durch irgendeinen Hinweis der einen oder anderen Religion den Vorrang zu geben«.

10 Die persische Kultur, so erklärt Philip Mansel (a. a. O.), genoss in der muslimischen Welt das Ansehen der französischen Kultur im Europa des 17. Jahrhunderts. »Diese Kultur hatte solchen Einfluss, dass das Osmanische, die Sprache des Palasts und der herrschenden Elite, zwar in ihrer Syntax türkisch blieb, in der Semantik aber teilweise persisch und arabisch entlehnt war.«

11 Gérard-Georges Lemaire, *Cafés d'autrefois*, Paris 2000.

12 Vgl. das Vorwort von Abdelwahab Meddeb zu Gallands *Les paroles remarquables, les bons mots, et les maximes des Orientaux,* Paris 1999, sowie Paul Morand, *Monplaisir … en littérature,* Paris 1967: »Niemand anderem als Galland verdankten wir jene unvergessene Freude der ersten Entdeckung von *Tausendundeiner Nacht,* diesem Roman der bloßgelegten Schätze, diesem lange Zeit vergrabenen Schatz, den nunmehr der Okzident zum Geschenk erhielt … Galland sammelte für hochstehende Persönlichkeiten (darunter der puritanische Parasit Colbert) Kunstwerke und Manuskripte, aber sein meisterlichstes Fundstück ist und bleibt *Tausendundeine Nacht.*«

13 In *Venises* (Paris 1971) zitiert Paul Morand zum Canale Grande Théophile Gautier: »dieses Register des venezianischen Adels«.

14 Joseph von Hammer-Purgstall, *Erinnerungen aus meinem Leben. 1774–1782,* Wien, Leipzig 1940, S. 144f.

15 Jede Botschaft durfte auf dem Gewässer des Bosporus ein Schiff unterhalten.

16 Maurice Druon, der dort zu Gast war, sagte mir: »Vergessen Sie bloß nicht den Ostrorog-Palast!« Der Leser, der sich an Jean-François Deniaus Bordellbesuch erinnert, wird auch die bunt gemischten Kuriositäten mögen, die sich unter seiner Kuppel tummeln. Über Städte am Wasser und speziell über Sankt Petersburg schreibt Druon: »Es heißt, sie würden Venedig gleichen. Alle nämlich – Amsterdam, Sankt Petersburg – haben sie eines gemeinsam: den Rhythmus, den das Wasser vorgibt, Umwege, den die Brücken erzwingen, und überall die Spiegelungen, die den Gebäuden ihr kopfstehendes Bild zum Fundament geben«, in: Druon, *Circonstances,* Monaco 1997.

17 Zur Geschichte der Familie Ostrorog vgl. André Grinneiser, Les Ostrorog au yali de Kandilli, in: *Stamboulimies, Les Carnets de l'exotisme* Nr. 11, Poitiers 1993.

18 *Konak,* Residenz.

19 Französische Präsidentschaftswahlen 2002.

20 Der ehemalige französische Agrarminister Jean Glavany und die Konstantinopler Familie Glavany haben gemeinsame Wurzeln.

21 Vgl. dazu den Artikel über Liotard in dem schönen Bildband von Gérard-Georges Lemaire: *Orientalismus: das Bild des Morgenlandes in der Malerei.* Übers. von Christine Diefenbacher, Köln 2000.

22 *Tschibuk,* irdene türkische Tabakspfeife.

23 »Ich sehe Loti, (…) eine kleine, distanzierte Hand reichte er mir«, schreibt Henri de Reigner in *L'Ennemi, N. S. Nr. 2: Constantinople,* Paris 1991.

24 Maurice Barrès erwähnt in *Le Voyage de Sparte* (Paris 1905) »Lotis Seidenstickereien«.

25 Les Ostrorog, côte d'Asie, in: *Autrement* 1992, Nr. 29: spécial Istanbul.

26 Paul Morand, *Venises,* a. a. O.

27 Nedim Gürsel, *Der Eroberer.* Übers. von Ute Birgi-Knellessen, München 2000, S. 23–25.

28 Vgl. André Clot, *Soliman le Magnifique,* Paris 1983.

29 Jean-François Deniau, *Dictionnaire amoureux de la mer,* Paris 2002.

30 In zeitgenössischen deutschen Enzyklopädien liest man etwa: »Kaik, das lange, schmale, außerordentlich leichte und schnelle Fährboot der Türken, bei Konstantinopel zu vielen Tausenden den Bosporus durchkreuzend.« (*Herders Conversations-Lexikon,* Freiburg/Br. 1854–1857, Bd. 3, S. 525.)

31 Von den sieben Schläfern wird noch die Rede sein. Vgl. das Kapitel »Von Völkern und Göttern«.

32 Helmuth von Moltke, *Briefe über Zustände und Begebenheiten in der Türkei aus den Jahren 1835–1839,* 3. Aufl., Berlin 1877, S. 94f.

33 »Die Form einer Stadt wandelt sich bekanntlich rascher als das Herz eines Sterblichen«, schreibt Julien Gracq in *Die Form einer Stadt* (übers. von Dieter Hornig, Graz 1989, S. 5).

34 Zosimos, *Neue Geschichte.* Übers. von Otto Veh, Stuttgart 1990, S. 98.

35 Ernest Mamboury, *Istanbul Touristique,* Istanbul 1951 (erstmals 1925). Deutsch: *Stambul. Reiseführer.* Übers. von Johannes Ahlers. Erste deutsche Ausgabe. Vervollständigt bis 1930, Istanbul 1930.

36 Edward Gibbon, *Geschichte des Verfalls und Untergangs des Römischen Reichs.* Übers. von Karl Gottfried Schreiter, Teil 9, Kap. 40, Leipzig 1805, S. 300.

37 Claudio Magris, *Utopie und Entzauberung: Geschichte, Hoffnungen und Illusionen der Moderne.* Übers. von Ragni Maria Gschwend, München 2002, S. 80.

38 »Zwecklos, dieses Wort in irgendeinem Lexikon nachzuschlagen, (...) Sie werden es nicht finden. (...) Es bezeichnete die Soldatenbauern, die die *akroi* bewachten, die Grenzregionen des byzantinischen Reiches im äußersten Osten. Diese Soldaten lebten in abgelegenen Festungen und besetzten von Kappadokien bis an den Euphrat ein ganzes Netz von Burgen. In ihnen hausten sie in vollkommener Autarkie; nur manchmal unternahmen sie Raubzüge unter den Anwohnern.« (Jacques Lacarrière, *Dictionnaire amoureux de la Grèce,* Paris 2001, S. 22.) Die Akriten verständigten sich mit optischen Signalen von Standort zu Standort.

39 Edward Gibbon, Teil 8, Kap. 36, Leipzig 1805, S. 404.

40 Alain Robbe-Grillet hat eine Art detailliertes Drehbuch veröffentlicht, das »wie eine Musikpartitur gelesen werden« kann und in dem er seinen Film beschreibt: *Die Unsterbliche: Drehbuch.* Übers. von Elmar Tophoven, München 1964, S. 5 und S. 10. Vgl. dazu den Artikel von Nicolas Monceau über Robbe-Grillets Film in: *Istanbul réelle, Istanbul rêvée,* Paris, Istanbul 1998, S. 89.

41 Robbe-Grillet, a. a. O., S. 154.

42 Jean des Cars, Jean-Paul Caracalla, *L'Orient-Express, un siècle d'aventures ferroviaires,* Paris 1984, S. 40.

43 Ferdinand Bac, *La Fin des temps délicieux,* Paris 1935.

44 Jean-Paul Caracalla erleichterte als Leiter der *Revue des voyages* jahrelang seinen Schriftstellerfreunden (Déon, Morand etc.) ihre Reisen. Ihm zufolge war das Talent ein vorteilhafter Ersatz für eine Fahrkarte. Caracalla weist mich bei meiner Rückkehr auf die Erfahrung mit zwei Hotelzügen hin, dem auf der Strecke London-Paris-Venedig und dem legendären Orient-Express,

deren Waggons von den Russen aufgekauft und bei der Transsibirischen Eisenbahn eingesetzt wurden …

45 Der Mythos, »nur ein Widerschein des Göttlichen«, schreibt Pietro Citati in *Das Licht der Nacht: die großen Mythen der Welt* (übers. von Barbara Kleiner und Karl Pichler, München 1999, S. 78).

46 Citati lässt Saturn sein »düsteres und widersprüchliches Licht auf unser aller Leben« werfen. A. a. O., S. 59.

47 George Gordon Byron, *Briefe und Tagebücher.* Hg. von Thomas Moore, Bd. 1.2, Braunschweig 1830, S. 75f.

48 Hoch gegriffene Schätzung; verlässliche Zahlen existieren nicht. Manche Gemeinden blähen ihre Einwohnerzahlen auf, doch ganze Zonen entgehen auch der Zählung.

49 Ogier Ghiselin de Busbecq, Konstantinopler Botschafter Ferdinands I., des Nachfolgers von Karl V., verfasste während seines Aufenthaltes im Osmanischen Reich 1555–1562 vier Briefe. Ihm verdankt Europa auch die Einführung der Tulpe und des Flieders. (Ogier Ghiselin de Busbecq, *Vier Briefe aus der Türkei.* Übers. von Wolfram von der Steinen, Erlangen 1926, S. 19 und S. 66f.)

50 Name eines Stammes, der sich Anfang des 13. Jahrhunderts herausbildete. Er setzte sich aus einigen Familien um den Klanchef Osman zusammen, der vor der mongolischen Invasion nach Chorasan floh, später aber nach Persien zurückkehrte und sich schließlich bei Söğüt unweit von Bursa niederließ.

51 Man bezeichnete sie als *kapı kulu,* die Sklaven der Hohen Pforte.

52 Die »Knabenlese« oder *devşirme* war eine Form der Rekrutierung unter Zwang. Ivo Andrić erwähnt die Janitscharen in seinem berühmten Roman *Die Brücke über die Drina* (1945). Übers. von Ernst E. Jonas, München 1992.

53 Yvelise Bernard, *L'Orient du XVIe siècle à travers les récits des voyageurs français,* Paris 1988, zit. n. Philip Mansel, a. a. O.

54 Diesen Titel trug manchmal der Botschafter Venedigs bei der Hohen Pforte.

55 Philip Mansel, a. a. O.

56 Ebd.

57 Die Übernahme der europäischen Strafvollzugsnormen bedeutet unter anderem die Auflösung der Gemeinschaftssäle und die Einrichtung von Einzelzellen und dürfte die staatliche Kontrolle über die Gefängnisse erhöhen. Von 2000 bis 2002 sind bei den Hungerstreiks über 50 Häftlinge umgekommen.

58 Man lese dazu etwa den Artikel von Laurence Ammour, L'air de la ville rend libre, in: *Istanbul réelle, Istanbul rêvée,* a. a. O.

59 Die *tuğra* war das Monogramm des Herrschers, das Fermane, Verträge und sonstige offizielle Schriftstücke beglaubigte, vgl. den Katalog zur Ausstellung *Soliman le Magnifique,* Galeries nationales du Grand Palais, Paris 1990.

60 Abdelwahab Meddeb, *Die Krankheit des Islam.* Übers. von Beate und Hans Thill, Heidelberg 2002, S. 53. Auch der französische Philosoph Christian Jambet hatte bei manchen Integristen ein »Ideal von puritanischer Quäkermentalität« diagnostiziert.

61 Philip Mansel, a. a. O.
62 Karawanserei, Herberge.
63 So erfanden die Byzantiner etwa das Griechische Feuer, ein Gemisch aus Schwefel, Asphalt und Salpeter, das sie auf die Galeeren und Kriegsschiffe ihrer Belagerer katapultierten.
64 In *Venises* (a. a. O.) erwähnt Paul Morand den Kunstkritiker Sergei Djagilew, »scheinbar ein Kosmopolit, doch Russe aus tiefster Seele, der überall jenes *eschatologische, byzantinische Klima* des ewigen Russlands heraufbeschwor«.
65 »Der vierte Kreuzzug ist ein für jeden Historiker exemplarisches historisches Ereignis, denn seine Ursachen sind vielfältig. (…) Vergessen wir nicht, dass zu seinen externen Ursachen – wirtschaftliche Gelüste Italiens, politische Visionen bei Deutschen und Normannen, allgemein verbreitete religiöse Feindseligkeit und Xenophobie, dem Islam grundsätzlich entgegengesetzte Einstellungen – noch interne Phänomene hinzutreten, die das Reich in den beiden letzten Jahrzehnten des 12. Jahrhunderts extrem labil machten.« Alain Ducellier und Michel Kaplan, *Byzance IVe–XVe siècle,* Paris 1996.
66 Geoffroy de Villehardouin, Die Eroberung von Konstantinopel durch die Kreuzfahrer im Jahre 1204, in: *Chroniken des vierten Kreuzzugs (1202–1204).* Übers. und hg. von Gerhard Sollbach, Pfaffenweiler 1998, S. 48. Gibbon, der ihn häufig zitiert, nennt Villehardouin den »Marschall von Champagne, dem es gefiel, in der rauen Sprache seines Zeitalters und Landes, eine Originalerzählung der Beschlüsse und Taten, an welchen er so merkwürdigen Anteil nahm, selbst zu schreiben oder in die Feder zu sagen.« Villehardouin erwähnt natürlich unsere Mauer, die er auf eine Länge von drei Meilen schätzt. Gibbon dagegen, der uns nie enttäuscht, befindet nach seinen – »den richtigsten« – Plänen, man könne nur eine Länge von 4000 Schritt zugeben. »Wenn ihn sein Auge nicht trog«, so schreibt Gibbon, »so musste er nach der alten gallischen Meile von 1500 Schritten rechnen, die in der Champagne noch gebräuchlich sein mochte.« Im Übrigen zeigt er keine besondere Wertschätzung für Villehardouin, erwähnt auch seinen »rohen, kräftigen Stil«. Als er berichtet, wie die Kreuzfahrer von Konstantinopel geblendet waren, schreibt er ganz zutreffend: »Ihre rohen, für die feinern Künste vielleicht unempfindlichen Seelen erstaunten über so prächtige Schauspiele; und die Armut ihrer vaterländischen Städte vergrößerte die Bevölkerung und Reichtümer der ersten Hauptstadt der Christenheit.« (Gibbon, Teil 16, Kap. 60, Leipzig 1805, S. 317, 347, 353.)
67 Gibbon, Teil 18, Kap. 68, Leipzig 1806, S. 278f.
68 Stéphane Yerasimos, *Konstantinopel: Istanbuls historisches Erbe.* Übers. von Ursula Arnsperger, Köln 2000, S. 148. Yerasimos bemerkt, dass die Fresken der Chora-Kirche die des Zeitgenossen Giotto weit in den Schatten stellen. Derselbe Gedanke findet sich bei Robert Byron, *The Byzantine Achievement* (1929), London 1987.
69 *chora ton zonton ΧΩΡΑ ΤΩΝ ΖΩΝΤΩΝ*
70 *chora tou achoretou ΧΩΡΑ ΤΟΥ ΑΧΩΡΗΤΟΥ*

71 »So entsteht die Identität dessen, was wir das Byzantinische Reich nennen: ein Reich, das weiterhin römisch ist, das ein urchristliches Selbstverständnis aufweist, das wohl oder übel orientalisch bleibt und Griechisch spricht. Diese Definition wird die elf Jahrhunderte seiner Existenz hindurch gültig bleiben.« Alain Ducellier und Michel Kaplan, a. a. O. Zu Aristoteles sei noch angemerkt: Der dritte Begründer des Chora-Klosters, Theodoros Metochites, war ein berühmter Humanist vom Anfang des 14. Jahrhunderts sowie bibliophiler Sammler und Autor eines Aristoteles-Kommentars.

72 Michel Quenot, *Die Ikone: Fenster zum Absoluten.* Übers. von Julia Brühl und Dominikus Forster, Würzburg 1992. An ihrem Ursprung steht das Abbild Konstantins, das zur Gründungsfeier der Stadt in einer Prozession umhergetragen wurde, daher auch die Änderungen am Antlitz des Gekreuzigten (als Christus Pantokrator, milde und allmächtig).

73 Ende des 15. Jahrhunderts in einem Brief an Wassili III., vgl. Nikolaj A. Berdjaev, *Sinn und Schicksal des russischen Kommunismus.* Übers. von I. Schor, Luzern 1937.

74 Ein griechischer Historiker, Nikolaos Adjemoglu, Präsident der Athener Konstantinopel-Gesellschaft, kommt auf 514; zitiert nach Philip Mansel, a. a. O.

75 Philip Mansel, a. a. O.

76 Sieben junge Patrizier aus Ephesus, die im 3. Jahrhundert zum Christentum übergetreten sind, werden lebendig eingemauert, weil sie sich weigern, Kaiser Decius anzubeten. Als sie einige Jahrhunderte später erwachen, stellen sie fest, wie ihre Religion sich verbreitet hat. Auch der Koran berichtet von der Geschichte ihres Aufenthalts in einer Höhle. Vgl. das Kapitel »Von Völkern und Göttern«.

77 Der *Majmu' al-Guarâ'ib* von Muhaammad al-Mufti aus dem afghanischen Balch. Vgl.: *L'Etrange et le Merveilleux en terres d'Islam,* Ausstellungskatalog, Paris 2001.

78 Helmuth von Moltke, a. a. O., S. 102 f.

79 Mamboury, a. a. O., S. 424.

80 Zitiert nach Xavier de Planhol, *Les nations du prophète,* Paris 1993. Ihm entnehme ich mein vergleichendes Wissen über Kamel und Dromedar. Planhol erklärt, dass das Dromedar mit seinen höheren Beinen empfindliche Fesseln hat und keine Kälte verträgt. »Ab dem Norden der Arabischen Halbinsel ist es weniger resistent, es ist dort Sitte, ihm nachts im Inneren wenigstens den Kopf zu verhüllen.«

81 Albert Dauzat et al., *Nouveau dictionnaire étymologique et historique,* Paris ^{2}1964. Emile Littré: *Dictionnaire de la langue française,* Paris 1863–1872. Vgl. Friedrich Kluge, *Etymologisches Wörterbuch der deutschen Sprache,* Berlin, New York ^{23}1999: »Tulpe (…). Mit der Einführung der Pflanze aus der Türkei nach türkischem Vorbild als ›Turban‹ benannt«.

82 Der Tulpenkrach im 17. Jahrhundert ist eine der ersten und berühmtesten Katastrophen in der Geschichte der Finanzwelt. Es folgte der Einsturz der

South Sea Company und der Fall von John Laws Finanzsystem. Gemeinsam ist ihnen allen die Irrationalität, die Spekulationsblase und der abschließende Einbruch.

83 »Vorliebe für Tulpen, die sich zur Passion, zur Manie auswächst«, schreibt wieder Littré. Vgl. Jacob und Wilhelm Grimm, *Deutsches Wörterbuch,* Leipzig 1854–1960: »Tulipomanie, rasende liebe zu tulpen.«

84 Philip Mansel bemerkt ganz richtig, dass Istanbul als einzige Stadt der Welt sowohl Hauptstadt als auch Sommerfrische ist und dass das sprachliche Erbe des Osmanischen (Sofa, Café, Kiosk, Turban, Tulpe, Kaftan) ganz unzweideutig die Funktion des Vergnügungsortes zum Ausdruck bringt.

85 Deutsche Übersetzung von Annemarie Schimmel, zit. n. Klaus Kreiser, *Istanbul: ein historisch-literarischer Stadtführer,* München 2001, S. 199.

86 Godfrey Godwin, Das osmanische Milieu, in: Yanni Petsopoulos, *Kunst und Kunsthandwerk unter den Osmanen.* Übers. von Herwig Bartels, München 1982, S. 12. Vgl. zu diesem Thema auch den Beitrag von John Carswell in diesem Werk.

87 Theodora war die Tochter eines Bärendompteurs im Hippodrom, wo die grüne Partei Bären und andere wilde Tiere unterhielt. Sie war eine hervorragende Pantomimin und sorgte in Byzanz mit ihren Ausfälligkeiten für Skandale. Noch einmal sei unser lieber Gibbon zitiert: »(…) der beglückte Liebhaber, dem sie den Genuss einer Nacht versprochen hatte, ward oft von einem stärkern oder reichern Lieblinge aus ihrem Bette verdrängt (…). Der satirische Geschichtsschreiber (es handelt sich um Alemannus) hat ohne Erröten die nackenden Szenen geschildert, welche Theodora ohne Scham auf dem Theater zum Besten gab.« Kaiser Justinian heiratete sie schließlich. Theodora beteiligte sich an der Regelung seiner Angelegenheiten, die auch die des Reiches waren. »(…) Die Buhldirne, welche in Gegenwart von unzähligen Zuschauern das Theater Konstantinopels geschändet hatte, ward in derselben Stadt von ernsthaften Magistratspersonen, von rechtgläubigen Bischöfen, von siegreichen Feldherrn, von gefangenen Monarchen als eine Königin angebetet.« Edward Gibbon, Teil 9, Kap. 40, Leipzig 1805, S. 282–283, 288. Theodora starb am 11. Juni 548. Jean d'Ormesson erwähnt sie in seinem *Glanz des Reiches* (übers. von Gerhard Heller, Frankfurt/M. 1978), freilich immer leicht schmunzelnd (»die andere Theodora«), und ganz offensichtlich zieht er ihr die Theodora vor, die seinen eigenen Fantasien entstiegen ist.

88 Die Lasen sind ein Volk an der südöstlichen Schwarzmeerküste. Lasistan lag in Gebieten der heutigen Türkei und des georgischen Adscharien.

89 Text nach Alain Léauthier in einem Artikel der Tageszeitung *Libération,* »Istanbul sous l'empire des clubs«. Es existieren auch andere Versionen.

90 Der Marineoffizier Julien Viaud (1850–1923) alias Pierre Loti kommt mit der Türkei zum ersten Mal 1870 bei einem Zwischenhalt in Smyrna in Kontakt. Konstantinopel erreicht er im Sommer 1876, um die Zirkassierin Aziyadeh wiederzutreffen, in die er sich in Saloniki verliebt hat. Diese Liebe lebt er bis in das folgende Frühjahr in einem Haus im alten Eyüp. Er wird häufig nach

Stambul zurückkehren, das er als seine »zweite Heimat« betrachtet. Alain Quella-Villéger hat Loti zahlreiche Studien gewidmet, darunter *Istanbul, le regard de Pierre Loti,* Tournai 1992, und die umfassende Biografie *Pierre Loti. Le Pèlerin de la planète,* Cabriès 2005. Zu Loti und zahlreichen anderen Literaten, die Istanbul bereist haben, vgl. auch Orhan Pamuk, *Istanbul. Erinnerung an eine Stadt.* Übers. von Gerhard Meier, München 2006, S.252–291, 325–332. Auch der französische Schriftsteller Claude Farrère hat über die Stadt geschrieben; Nâzim Hikmet bezeichnete ihn in einem Bonmot als Lotis »Sancho Pansa«. Vgl. dazu die dem türkischen Dichter gewidmete Ausgabe der Zeitschrift *Europe* Nr. 878 (2002).

91 Alain Dugas und Alain Quella-Villéger im Vorwort zu Pierre Loti, *Nouvelles et récits,* Paris 2000.

92 In seinem *Voyage de Sparte* (Paris 1905), das den »unbestimmten Träumereien des Orients« nachempfunden ist, schreibt Maurice Barrès, Mitglied der Académie, über Texte, die er von einem seiner Freunde erhalten hat, sie erinnerten ihn an »Lotis Seidenstickereien«.

93 Pierre Loti, *Nach Isfahan.* Übers. von Dirk Hemjeoltmanns, München 2000; *Im Zeichen der Sahara.* Übers. von Susanne und Michael Farin, Bremen 1991.

94 »Eine geheimnisvolle, unwiderstehliche Kraft wendet das Herz des Menschen dem Orient zu, wo seine Wiege stand. In allen Jahrhunderten ließ sich das beobachten. Der Tod scheint ihm im Westen zu liegen, und dieser Instinkt ist älter als die Kreuzzüge. Keine westliche Politik wird daran das Geringste ändern.« Léon Bloy, *Constantinople et Byzance,* Paris, Zürich 1917.

95 Vgl. zu dieser Frage die Bücher von René Grousset, insbesondere *Bilanz der Geschichte,* Zürich 1950. Im Zusammenhang mit den Auseinandersetzungen zwischen Rom und der persischen Welt, dann zwischen Orient und dem Byzantinischen Reich schreibt er: »Die Orientfrage, die es bisher nur auf ethnischem und kulturellem Gebiet gegeben hatte, wurde eine Religionsfrage.« (S. 182) Was Grousset vielleicht nicht immer richtig bewertete (ihm zufolge verwirft der Islam gleichzeitig mit dem Kreuz auch Alexanders Panhellenismus und die gesamte griechische Gedankenwelt), ist das Ausmaß, in dem die Philosophie in der islamischen Welt das griechische Erbe aufgenommen und bewahrt hat. Zu diesem Thema vgl. die Veröffentlichungen von Henry Corbin oder Christian Jambet.

96 So Christian Jambet über die spirituelle Schia des Mulla Sadra und die Auslegungskunst als Privileg des Imams, in: Jambet, *Se rendre immortel,* Saint-Clément-de-Rivière 2000.

97 Gershom Scholem, *Sabbatai Zwi. Der mystische Messias.* Übers. von Angelika Schweikhart, Frankfurt/M. 1992.

98 Pierre Chuvin und Anne-Marie Moulin in ihrem Vorwort zu Lady Mary Montagu, *L'islam au péril des femmes: une anglaise en Turquie au XVIIIe siècle,* Paris 1987.

99 André Malraux, *Antimémoires,* Paris 1967.

100 Djelal Essad, *Constantinople: De Byzance à Stamboul,* Paris 1909, zit. n. Mamboury, a. a. O., S. 27.

101 Konstantinos Palaiologos Dragases, der zwölfte dieses Namens, regierte 1448–1453 als Nachfolger Johannes' VIII. Palaiologos.

102 »Seit der Bekehrung Konstantins zeigte sich der Hellenismus in Asien in Gestalt eines Credo«, schreibt Grousset, a. a. O., S. 184.

103 Gibbon Teil 4, Kap. 20, Leipzig 1805, S. 416.

104 Ebd., S.390–393.

105 »Johannes aber war ich nicht im Angesicht des Todes begegnet. Das geschah in Ephesus, und vor allem in der byzantinischen und slawischen Welt, die sein Grab verehrt hatte wie das Grab Christi ...« André Malraux, a. a. O.

106 Pietro Citati, a. a. O., S. 110. Und Malraux, a. a. O., schreibt: »Das Genie des Christentums bestand darin, erklärt zu haben, dass der Weg des tiefsten Mysteriums der der Liebe ist. Eine Liebe, die sich nicht auf das Gefühl der Menschen beschränkt, sondern sie transzendiert als Seele der Welt, die mächtiger ist als der Tod und mächtiger als die Gerechtigkeit: ›Denn Gott hat seinen Sohn nicht in die Welt gesandt, damit er die Welt richtet, sondern damit die Welt durch ihn gerettet wird.‹«

107 Philip Mansel, a. a. O.

108 Der Name dieses Viertels geht zurück auf das griechische *phanarion* (φανάριον), Leuchtturm, welcher die Schiffe durch die Wasser des Goldenen Horns leitete.

109 »Telefonat mit Olivier Clément«, schreibt Jean-François Colosimo (*Le silence des anges,* Paris 2001) nach seiner Rückkehr aus Konstantinopel, »wo die Lage des Patriarchats heikel bleibt.«

110 1850 lebten rund 1000 Deutsche in Istanbul. 1852 wurde das Deutsche Krankenhaus gegründet, 1858 die Deutsche Schule. Seit der Gründung des Deutschen Reichs spielten die von Preußen begonnenen Militärmissionen, die der Reorganisation der türkischen Armee und ihrer Ausrüstung mit modernen Waffen dienten, sowie ab 1903 der Bau der Bagdadbahn eine wichtige Rolle. Die deutsch-türkische »Waffenbrüderschaft« im Ersten Weltkrieg führte nach Kriegsende zur Ausweisung aller Deutschen aus der Türkei, doch schon 1926 lebten wieder 1500 Deutsche in Istanbul. Nach 1933 fanden viele deutsch-jüdische und politische Flüchtlinge in der Stadt Zuflucht (beispielsweise der spätere Berliner Bürgermeister Ernst Reuter, die Architekten Bruno Taut und Margarete Schütte-Lihotsky, der Romanist Leo Spitzer); auf Einladung der türkischen Regierung beteiligten sie sich am Aufbau der Istanbuler Universitäten, Krankenhäuser und Kulturinstitutionen. Vgl. dazu: Anne Dietrich, *Deutschsein in Istanbul: Nationalisierung und Orientierung in der deutschsprachigen Community von 1843 bis 1956,* Opladen 1998.

111 Für die Gegenwart denke ich dabei natürlich an Worte und Artikel von Armeniern wie dem am 19. 1. 2007 in Istanbul ermordeten Hrant Dink, einem der Herausgeber der armenischen Wochenzeitung *Agos,* die seit 1996 in Istanbul erscheint. Hrant Dink vergaß nie, welches Unrecht den Armeni-

ern zugefügt worden ist, doch er verurteilte alle die, die etwa in Frankreich oder den USA die Massaker der Vergangenheit für wahltaktische Manöver nutzen. Er sah sich als Fahnenträger der armenischen Bevölkerung der Türkei (70 000 Menschen, darunter 50 000 in Istanbul; 38 armenische Kirchen) und nahm kein Blatt vor den Mund, wenn er erklärte (und sich dafür einigen Ärger einhandelte), »die Gesetze über den Völkermord (wären) dann kein Problem mehr, wenn die Türkei den Schmerz anerkennt, den der 24. April ausgelöst hat, das symbolische Datum, an dem die Massaker von 1915 begannen«, und sich gleichzeitig für Dialog einsetzte. »Man darf«, schrieb er, »die armenische Identität nicht unter den Gräbern von 1915 suchen. Ich trage meinen Schmerz in mir, er begleitet mich im Alltag.« Vgl.: Nükte V. Ortaq in: *L'Express* Nr. 2650 vom 18. 4. 2002, und: Letztes Interview mit Hrant Drink, in: *Der Stern* vom 21. 1. 2007. Zum Völkermord an den Armeniern vgl.: Franz Werfel, *Die vierzig Tage des Musa Dagh* (1933), Frankfurt/M. 2005; Wolfgang Gust (Hg.), *Der Völkermord an den Armeniern 1915/16. Dokumente aus dem Politischen Archiv des deutschen Auswärtigen Amts,* Springe 2005.

112 Paul Morand, *Venises,* a. a. O.

113 In seinem 60. Kapitel schreibt Gibbon (Teil 17, Leipzig 1806, S. 9–24) über die Plünderungen und Schändungen; er stellt die widersprüchlichen Zeugenberichte von Villehardouin, dem Marschall aus der Champagne, und dem byzantinischen Senator Nicetas einander gegenüber.

114 Inzwischen wurde die Quadriga ins Museum gebracht und auf San Marco durch eine Kopie ersetzt. Zu Enrico Dandolo vgl. Frederic C. Lane, *Seerepublik Venedig.* Übers. von Peter de Mendelssohn, München 1980, sowie Alvise Zorzi, *Venedig: die Geschichte der Löwenrepublik.* Übers. von Sylvia Höfer, Düsseldorf 1985.

115 Jean-Michel Venture de Paradis, geboren 1739 als Sohn einer Griechin in Marseille, war Dragoman in verschiedenen französischen Konsulaten der Levante und in Kairo, dann Dragoman von Vergennes, dem französischen Botschafter in Konstantinopel, sowie Dolmetscher Bonapartes während dessen ägyptischer Expedition. Er hat Memoiren hinterlassen, die teilweise von Joseph Cuoq herausgegeben wurden in dem Band *Tunis et Alger au XVIIIe siècle,* Paris 1983. Auf seinen Tod in Ägypten reagierte Bonaparte mit: »Venture verstorben, schwerer Verlust für uns.«

116 Grundlegend dazu: Frédéric Hitzel (Hg.), *Enfants de langue et drogmans,* Istanbul 1995.

117 Angabe der türkischen Behörden nach einem Artikel von Marc Semo in der Tageszeitung *Libération* vom Juni 2002.

118 Nach dem Fall von Granada 1492.

119 In Istanbul kam es vom 5. bis 7. September 1955 nach einer Falschmeldung (ein Attentat auf Atatürks Geburtshaus in Thessaloniki) und auf dem Hintergrund des Zypernkonflikts zu gewalttätigen Ausschreitungen, die von den Behörden und Ministerpräsident Menderes von langer Hand geplant worden waren. Die griechischen Geschäfte in Pera wurden geplündert und

viele Kirchen und Klöster überfallen. Heute leben in Istanbul nur noch 2000 Griechen. »Kein Volk hat mehr unter dem Untergang des Reiches gelitten als die Griechen und die Armenier«, schreibt Philip Mansel, a. a. O.

120 León heißt auch eine spanische Provinz. Viele sephardische Familiennamen in Tanger, Alexandria oder İstanbul zeugten von der spanischen Herkunft (Toledano, Sevilia und eben León).

121 Die satirische französische Wochenzeitung erfreut sich in Istanbul relativer Beliebtheit. Ebenso das Blatt *Charlie Hebdo,* das gar mit der türkischen Zeitung *Leman* eine gemeinsame Sondernummer herausgegeben hat, nachdem die gesamte Redaktion (bis auf Herausgeber François Cavanna) an den Bosporus gereist war: darin enthalten eine Reportage des Zeichners George Wolinski aus dem ältesten türkischen Bad der Stadt, diverse Skizzen des Charlie-Hebdo-Zeichners Jul und ein Fotoroman mit Bauchtänzerinnen.

122 Damals fanden oft Hinrichtungen statt; die Galgen standen auf der Brücke.

123 Nach dem Attentat von Al-Qaida auf das World Trade Center in Manhattan.

124 Konstantinos Kavafis, *Das Gesamtwerk: griechisch und deutsch.* Übers. und hg. von Robert Elsie, Zürich 1997, S. 87.

125 Das Konzil von 451 legt entgegen den Thesen des Eutyches fest, dass Jesus Christus zwei voneinander getrennte Naturen besitzt, die menschliche und die göttliche Natur, die zwar untrennbar verbunden, aber nicht geeint sind. Eutyches, Abt eines Konstantinopler Klosters und später Bischof von Alexandria, hatte in der vorausgegangenen sogenannten »Räubersynode« von Ephesus seine Thesen durchsetzen können. Von 451 an werden seine Vorstellungen über die Natur Christi endgültig als Irrlehre verurteilt, doch im Orient überleben mehrere monophysitische Kirchen (die koptische Kirche, die nestorianischen Kirchen und die chaldäischen Kirchen).

126 In einer Buchhandlung frage ich nach seinen Büchern. Seine 25 Veröffentlichungen sind vergriffen, bis auf eine: *»Türken und Araber durch die Geschichte«.*

127 Scholem, a. a. O., S. 792. Zu den »befremdlichen Handlungen« Sabbatai Zwis zitiert Scholem einen Text des berühmten Sufi-Mystikers Al-Junaid (gest. 911): »Gott belegt die, die ihn lieben, mit einer Art plötzlichem, übernatürlichem Wahn, in dem ein Mensch entgegen der Religion sprechen und handeln kann, ohne dafür verantwortlich zu sein und ohne dass Gott sich um den Widerspruch mit der Religion bekümmert, die Er vom Himmel herab offenbart hat.« (ebd., S. 185.)

128 In der Übersetzung von Stefan George: »Trage mich · segel · von dannen! entführe mich · wagen!« In: Stefan George, *Baudelaire. Gesamt-Ausgabe der Werke,* Bd. 13/14, Berlin 1930, S. 85–87.

129 Diese Nomaden vom Volk der Oghusen kamen ursprünglich aus der heutigen Mongolei und vom Altai, bevor sie dem Ruf der Steppe folgten. Die osmanische Dynastie geht auf einen der 26 Clans im Bund der Oghusen zurück, die später auch als Turkmenen bezeichnet wurden. Vgl. *Dede Korkut's*

Buch: das Nationalepos der Oghusen. Aus dem oghusischen Türkisch von H. Achmed Schmiede, Hückelhoven 1995.

130 Nedim Gürsel, *Mirages du sud,* Paris 2001.

131 Christian Jambet verfasste ein Vorwort und die französische Übersetzung von Rumis Liebesgedichten: Rumi, *Soleil du réel: poèmes de l'amour mystique,* Paris 1999. Vgl. auch die Rumi-Übersetzungen von Annemarie Schimmel.

132 Rumi starb 1273 in Konya; das Kloster besitzt einen Stich von seinem dortigen Grab. Jeden letzten Sonntag im Monat findet eine Feier der Tanzenden Derwische statt.

133 Vgl. Altan Gökalp, *Têtes rouges et bouches noires,* Paris 1980, und derselbe, Les alevî, in: *Les Turcs: Orient et Occident, Islam et laïcité,* Revue *Autrement* Nr. 76 (1994).

134 Altan Gökalp, a. a. O.

135 Vgl. Pierre Chuvin und Anne-Marie Moulin, a. a. O.

136 »Die spirituelle Welt der Christenheit hat in Ephesus eine unleugbare Struktur erhalten, denn dort findet Maria mit Johannes, Magdalena und den sieben Schläfern zusammen, die dort alle in derselben Perspektive von Entschlafung und Auferstehung geeint sind«; Karl Gschwind, zit. n. Charles Molette in: *Louis Massignon,* Cahier de l'Herne, hg. von. J. F. Six, Paris 1970.

137 P. Eugène Poulin, *La maison de Marie à Ephèse: histoire de sa découverte,* Paris 2006, sowie Clemens Brentano, *Leben der Heiligen Jungfrau Maria* nach den Visionen von Anna Katharina Emmerich (zuletzt Stein am Rhein 1992), die vom Aufenthalt der Jungfrau in Ephesus berichtet, von ihrem Haus, ihrem Tod und ihrem Grab.

138 Vgl. François Jourdan, *La Tradition des Sept Dormants,* Paris 1983; Louis Massignon, *Parole donnée,* Paris 1983, sowie: Karl Gschwind, *Der ephesische Johannes und die Artemis Ephesia,* Basel 1965. In den 1950er-Jahren und während des Algerienkrieges organisierte Massignon eine Wallfahrt in das bretonische Vieux-Marché zu einem christianisierten Dolmen; er ist von sieben kleinen Statuen umgeben, die die sieben Schläfer von Ephesus darstellen.

139 In Alexandria leidet auch Origenes unter der Christenverfolgung durch Decius.

140 Weißer Marmor aus den Steinbrüchen am Berg Pentelikon bei Athen, einer der schönsten Werkstoffe der Welt.

141 Und später wird einer seiner Nachfolger den Beinamen *Zweiter Alexander* annehmen. Vgl. Philip Mansel, a. a. O.

142 Altan Gökalp, Naqshbandis, in: Marc Gaborieau u. a. (Hg.), *Naqshbandis: cheminements et situation actuelle d'un ordre mystique musulman,* Istanbul, Paris 1990. Gökalp unterstreicht, dass der Süleymanismus von der Naqschibandiyya-Bruderschaft (eher formal) ein paar Grundsätze wie den »stillen Anruf« oder das »Einsam in der Menge« übernimmt. Weiter erinnert er daran, dass der mystische Orden Süleymans, der sich in den Bereich des Millenarismus einordnen lässt, längst politischen Aktivismus betreibt (über seine Anhänger breitet sich der türkische Islam in Europa aus) und

dass seine Geschichte im letzten Weltkrieg türkischen oder jugoslawischen Bewegungen nahestand, die den Nationalsozialismus befürworteten. Gökalp weist mich auf eine Bewegung am anderen Ende des Spektrums im türkischen Islam hin, die Gülen-Bewegung im Gefolge von Fethullah Gülen, die sich um den Dialog mit den anderen Religionen bemüht und die Medien als Vitrine benutzt.

143 Pierre Assouline erzählt in *Le dernier des Camondo* (Paris 1997) die Geschichte dieser jüdischen Familie, die wahrscheinlich aus Venedig stammte. Ihre Mitglieder wurden Kaufleute, schließlich Bankiers des Sultans in Konstantinopel, nachdem sie mehrere Jahrzehnte durch das alte Europa zwischen Triest und Wien gezogen waren. Mitte des 19. Jahrhunderts ist Abraham Salomon Camondo der reichste Jude im Osmanischen Reich, auch der spendabelste, und sein Ansehen reißt jegliche religiösen und sozialen Schranken nieder. Während des zweiten französischen Kaiserreichs geben die Camondos die Konstantinopler Machtposition auf und lassen sich in Frankreich nieder. Sogleich findet sich ihr Name in den Registern der jüdischen Aristokratie, gleich neben den Familien Cahen d'Anvers, Rothschild und Fould. Das Unglück kommt mit dem Krieg, als Leutnant Nissim de Camondo am 3. September 1917 nach Beschuss durch ein deutsches Flugzeug aus seinem Zweisitzer verschwindet, im Himmel über dem lothringischen Remoncourt. Sein Vater Moïse, den seine Frau verlassen hat, stirbt 1935, untröstlich über den Tod seines Sohnes. Heute gibt es keine Träger des Namens Camondo mehr.

144 Jorge Luis Borges, *Das Handwerk des Dichters.* Übers. v. Gisbert Haefs, München, Wien 2002, S. 86f.

145 In Feriköy befindet sich auch der 1843 gegründete Friedhof der deutschen evangelischen Gemeinde. Ernest Mamboury liegt hier begraben.

146 Es handelt sich um willkürliche Eigenbauten, errichtet mit den billigsten Materialien, was nur wegen der extrem niedrigen Arbeitskosten möglich ist, erklärt mir Pérouse.

147 Die Moscheen wurden in den 1980er-Jahren von den Militärs erbaut, die sich dachten: lieber grün als rot.

148 1995 kam es in einem Café im Stadtzentrum zu einer Schießerei. Mehrere Tote und mehrere Tage dauernde Unruhen. Sieben Jahre danach ist noch immer unklar, wer geschossen hat. Schnelle Zufahrtsstraßen, ein Netz breiter Straßen, eine Respekt gebietende Polizeistation, auf dem Parkplatz des blauen Hochhauses an einer der höchst gelegenen Stellen ein dauerhaft geparkter Panzer – das alles zeigt, dass die Stadt weiterhin unter Überwachung steht. Bäckerbuden, in denen öffentlich subventioniertes Brot verkauft wird, und ein großes Cemevi, ein Vereinshaus, das gebaut wurde, um dem Integrismus und allen Extremen entgegenzusteuern (auch den alevitischen Linksextremen), beweisen, dass die sozialen Waffen nicht sämtlich vernachlässigt werden.

149 *Dede Korkut's Buch,* a. a. O., S. 48.